sobinfluencia edições
autonomia **literária**

sobinfluencia edições

Coordenação editorial:
Fabiana Vieira Gibim, Rodrigo Corrêa
e Alex Peguinelli

autonomia literária

Coordenação editorial:
Cauê Ameni, Hugo Albuquerque e Manuela Beloni

Tradução:
Gustavo Racy e Fabiana Vieira Gibim

Revisão:
Alex Peguinelli

Preparação:
Fabiana Vieira Gibim

Projeto gráfico:
Rodrigo Corrêa

Dados Internacionais de Catalogação na Publicação (CIP)
(Câmara Brasileira do Livro, SP, Brasil)

Michel, Louise
    Tomada de posse / Louise Michel. -- 1. ed. -- São
Paulo : Alex Peguinelli Trevizo : Autonomia Literária, 2021.
    ISBN 978-65-00-18517-1 / 978-65-87-23344-4
    1. Ciência política 2. França I. Título.
21-58705   CDD-320

Índices para catálogo sistemático:
  1. Ciências políticas 320
    Aline Graziele Benitez - Bibliotecária - CRB-1/3129

---

sobinfluencia edições
sobinfluencia.com

autonomia literária
autonomialiteraria.com.br

tomada
de posse

LOUISE MICHEL

louise michel,
uma vida oceânica **6**

primeiro julgamento:
a comuna **86**

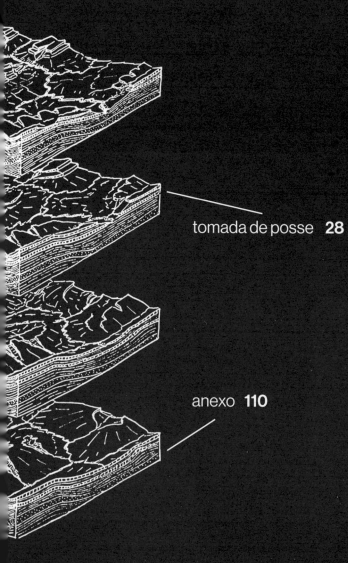

tomada de posse **28**

anexo **110**

louise michel,
uma vida oceânica

Gabriela De Laurentiis

Mas por que ter pena de si mesmo, em meio a dores generalizadas? Por que fixar-se numa gota d'água? Vamos olhar para o oceano!

Louise Michel, em *Memórias*[1]

---

[1] « *Mais pourquoi s'attendrir sur soi-même, au milieu des générales douleurs ? pourquoi s'arrêter sur une goutte d'eau ? Regardons l'océan ! ».* MICHEL, L. 2012. « Mémoires de Louise Michel ». In. *Œuvres de Louise Michel.* Kindle : édition de La Bibliothèque Digitale.

Contam que certa vez, durante a Comuna de Paris (1871), ela arriscou-se em meio ao fogo inimigo para salvar um gato.[2] Louise Michel é figura lendária do socialismo, reconhecida em vida por seus discursos apaixonados e contundentes contra a produção de misérias. Poeta, compôs peças de música, escreveu romances, panfletos e memórias. Nascida na comuna francesa de Vroncourt-la-Côte em 1830, inicia sua militância pelo magistério.

O interesse pelo conhecimento é incentivado e compartilhado na infância. Narra em suas *Memórias* (1886) que com

[2] LEIGHTON, M. 1990. "Anarcho-feminism and Louise Michel". In. J.-H. Roy& B. Weston (orgs.). *Our Generation*, vol. 21, nº 2. Québec: Black Rose Books, p. 25.

Nanette e Joséphine – *duas jovens de notável inteligência* – divide os momentos de leitura. O avô – ou pai, suspeita-se – introduz Louise Michel à filosofia e à arte. Ele é proprietário do Castelo de Vroncourt, onde Marie-Anne Michel, sua mãe, trabalhava. O sobrenome de Marie-Anne, e não o herdado dos avós, Demahis, é escolhido por Louise como sua assinatura na vida pública.

A profissão de professora já era naquele século XIX permitida – e em certa medida valorizada – para as mulheres. As professoras, engajadas, "são as primeiras intelectuais", defende a historiadora Michelle Perrot (2008), citando nomes como Victorine Tinayre (1831-1895) e a salvadora de gatos, militante revolucionária e autora de *Prise de Possession* (1890), Louise Michel.

Republicana, é correspondente e amiga de Victor Hugo, cujos traços românticos marcam seu modo de pensar e viver. Em 1853, abre uma escola livre em Audeloncourt. Muda-se para Paris e, com 35 anos, funda sua própria escola no bairro de Montmartre. Na cidade, frequenta um curso oferecido pelos republicanos Jules Favre (1809-1880) e Eugéne Pelletan (1813-1884), interessando-se por assuntos diversos, como medicina, ciências sociais, filosofia, matemática, mitologia e eletricidade.[3]

A educação é um importante problema nas lutas das mulheres durante a Comuna, que, vale lembrar, é a primeira experiência de livre organização dos trabalhadores revolucionários europeus.[4] Em decorrência da militância durante a Comuna, Michel ganha notoriedade. As *communardes* estavam proibidas pelos companheiros de ocupar as cadeiras da assembleia, provavelmente o único trabalho que não realizaram entre os meses de março e maio de 1871.

Durante a insurreição as mulheres colocam seus corpos em luta nas barricadas, costuram uniformes, cuidam de feridos, escrevem para a imprensa e educam crianças em escolas públicas

---

[3] LODI, S. 2016. *Entre a pena e a baioneta: Louise Michel e Nadezhda Krupskaia, educadoras em contextos revolucionários*. Tese de Doutorado defendida na Faculdade de Educação, Unicamp: 148 p. Disponível em: <http://repositorio.unicamp.br/jspui/handle/REPOSIP/321601>.

[4] WOODCOCK, G. 2002. *História das ideias e movimentos* anarquistas. Porto Alegre: L&PM, p. 68-73.

recém-secularizadas A situação de desigualdade das mulheres é, recorrentemente, lembrada não apenas por Michel, mas pelas companheiras de luta, em textos e pronunciamentos à época e *a posteriori*.

Élizabeth Dmitrieff (1851-1910), representante enviada pela Primeira Internacional a Paris, e Nathalie Lemel (1826-1921), formam a União das Mulheres para a Defesa de Paris. A organização realizou numerosas assembleias públicas, formou comissões para o fornecimento de alimentos e atendeu aos feridos.[5] No *Jornal Oficial da Comuna,* no dia 12 de abril, lê-se a manifestação feminina:

> É dever e direito de todos lutar pela grande causa do povo, pela revolução [...] A Comuna representa o grande princípio proclamando a eliminação de todos os privilégios, de todas as desigualdades – por isso mesmo, ela se engaja a levar em consideração as justas reclamações de toda a popu-

[5] D'ATRI, A. 2011. "Comuna de Paris: mulheres parindo um mundo novo". In. *Lutas Sociais,* São Paulo, nº. 25/26, 2º sem. de 2010 e 1º sem. de 2011, p. 282.

lação, sem distinção de sexo –, distinção criada e mantida pela necessidade de antagonismo sobre a qual repousam os privilégios das classes governantes.[6]

Os ataques misóginos vinham muitas vezes dos próprios companheiros socialistas. Michel lembra, em suas *Memórias,* a posição de Pierre-Joseph Proudhon (1809-1865). Reproduzindo o ideário burguês, o anarquista defende estarem as mulheres destinadas a dois papéis: dona de casa ou prostituta.

A construção desse modelo de feminilidade, com base na polaridade entre as figuras da *prostituta* e da *esposa-dona-de-casa-mãe,* vincula-se à reconfiguração das cidades e da família nuclear burguesa na modernidade. A prostituição significa muitas vezes a possibilidade de uma prática de liberdade, uma transformação da vida por meio do trabalho, sendo desqualificada por práticas e discursos moralistas como os de Proudhon.

---

[6] VALET, E. "Mulheres na Comuna de Paris. As Louises em insurreição". *Le Monde Diplomatique Brasil,* nº 144, 2 de julho de 2019. Disponível em: <https://diplomatique.org.br/as-louises-em-insurreicao/>.

Preocupada com essas questões, Louise Michel reivindicava educação e profissões iguais, para que se ampliem os trabalhos lucrativos para as mulheres.[7] Corre o tempo, e no Brasil essas lutas recolocam-se e potencializam-se. No século XX, ganha destaque a militância de figuras como Gabriela Leite (1951-2013), e suas lutas pelos direitos das prostitutas, iniciada durante a ditadura civil militar (1964-1985).[8] Mais recentemente, Bruna Kury e Mogli Saura,[9] trabalhando individualmente e em coletivos – Coite é um deles –, reposicionam esses problemas desde uma perspectiva pós-pornô, em práticas artísticas antirracistas, anarquistas e transfeministas.

A participação na Comuna de Paris faz de Louise Michel figura importante no imaginário revolucionário da *Belle Époque*. A insurreição de 1871, cria es-

---

[7] MICHEL, L. citada por RAGO, A. & RAGO, M. 2000. "A Comuna de Paris". In. *Revista Libertárias,* nº 6. *Paixão e anarquia*. São Paulo: Imaginário, p. 18.

[8] RAGO, M. 2013. *A Aventura de contar-se. Feminismos, escritas de si e invenções de subjetividades*. Campinas: Unicamp.

[9] Ver sites de Bruna Kury: <https://brunakury.weebly.com/> e de Mogli Saura: <https://www.moglisaura.com/anarco-fake>.

paço para uma série de reivindicações e práticas femininas revolucionárias. Nas análises de Kathleen Jones e Françoise Vergès (1991), para as mulheres, a Comuna significa o nascimento enquanto "cidadãs".[10] As lutas das revolucionárias ampliam possibilidades para as futuras reivindicações feministas.

Lutas como as de Olympe de Gouges (1748-1793), quase um século antes, naquele mesmo país, com sua Declaração de Direitos da Mulher e da Cidadã (1791), na situação da Revolução Francesa (1789-1799). Abolicionista, "acabou morta na guilhotina em 3 de novembro de 1793, por suas ideias".[11] Olympe é, também, o nome da "magnífica coruja de olhos fluorescentes" que vivia sob os cuidados de Louise Michel quando criança.[12]

Lutas, também, como as de Sanité Belair (1781-1802), durante a Revolução Haitiana (1791-1804), contra as violências da colonização francesa. A insur-

---

[10] JONES, K. & VERGÈS, F. 1991. "'Aux citoyennes!': women, politics, and Paris Commune of 1971". In: *History of European Ideas*, 13 (6), p. 712. DOI: 10.1016/0191-6599(91)90137-N.

[11] VERGÈS, F. 2020. *Um feminismo decolonial*. São Paulo: Ubu, p. 107.

[12] MICHEL, L. 2012. Op. Cit.

reição protagonizada por escravizadas instaura a Nova Constituição do Haiti (1805). Abolindo a escravatura, autorizando o confisco de terras de colonos franceses, decapitando a classe dominante e levando às últimas consequências os ideais de igualdade e de liberdade racial.[13] Sanité Belair é "fuzilada em 5 de outubro de 1802 pelo Exército napoleônico responsável por restaurar a escravidão".[14]

A imagem de uma mulher é a escolhida por Louise Michel para iniciar *Tomada de Posse*. De acordo com a autora, havia sido notícia pouco antes a história da mulher que nas ruas de um cortiço gritava: "a anarquia é a ordem pela harmonia" (p. 29). Romantismo, feminismo e anarquismo se fundem no texto de Louise Michel, explicitando um pensamento que ganhou forma no convés de um navio-prisão.

As ações durante a Comuna fizeram de Louise Michel alvo do Estado. Presa e condenada, é deportada para o exílio no território invadido e transformado na colônia francesa da Nova Caledônia.

---

[13] MBEMBE, A. 2018. *Crítica da razão negra*. São Paulo: N-1, p. 38.
[14] VERGÈS, F. 2020. Op. Cit.

Prisioneira, durante quatro meses de viagem, sem nada ver além de céu, água e ocasionais pássaros e embarcações, ouvindo os sons das águas e ventos, torna-se anarquista.

Tomada de Posse é um discurso pronunciado por Louise Michel em 1890, uma década após a volta do exílio, e publicado posteriormente no jornal *Le Libertaire*,[15] fundado em 1895 por Michel e Sébastien Faure.[16] Dedicada à militância, a anarquia surge na fala de Michel não como um fim, mas como travessia:

> o que está no horizonte, que devemos cruzar para chegar ainda mais longe, é a *anarquia comunista*. Cruzá-lo-emos, sem deixar de nos atrairmos pelo progresso, sem que a multidão se habitue a viver sem pão, a dormir, ela e seus filhos, sem abrigo, hoje mais abandonados que cães vadios (p. 48).

[15] LODI, S. 2016, Op Cit., p. 153.

[16] Sébastien Faure (1858-1942), foi um pedagogo, poeta, compositor, jornalista, ativista anarquista e anticlericalista francês. Foi um dos réus durante o "Processo dos Trinta", promovido no distrito do Sena e que representou o ápice da luta contra o anarquismo, em que trinta pessoas foram acusadas de formarem uma "associação de malfeitores", segundo o artigo 450-1 do Código Penal francês.

As travessias elaboradas por e elaboradoras de sensibilidade libertária servem a Louise Michel como ferramenta para diagnosticar as misérias em suas formas variadas, bem como modos de a elas fugir. Com Jean Guêtre – outro nome de Victorine Tinayre –, escreve o romance *Le misère* (1882), tratando de temas como relações de trabalho, deportação e prisão, explicitando suas preocupações com a educação.[17]

Diz a autora em *Tomada de Posse*:

> o trabalho morto e a miséria abundam pelos povos; a abundância e o prazer são exclusivos aos mestres. Eis os governos de todo o mundo. Podeis chamar isso de todos os nomes possíveis, porém, são os mesmos, são impérios diferentemente trajados. (p. 33)

Um ano antes do discurso a abundância ficava explicitada com a construção da Torre Eiffel (1889), para a Exposição Universal lembrada em seu discurso (p. 41).

O título *Tomada de Posse* associa-se diretamente ao processo de colonização francesa, no caso da apropriação, em

[17] LODI, S. 2016. Op. Cit. p. 152.

1853, do arquipélago da Nova Caledônia. O discurso de Michel recorda as revoltas dos canacas *(kanaks),* e a liderança de Ataï contra a França é lembrada. A anarquista enfatiza a disparidade de forças entre os representantes do Estado francês e os insurgentes. Lutando "para reconquistar a liberdade", desapropriados pela França, os *Kanak* combateram com lanças o armamento de fogo dos colonizadores (p. 34).

Faz um jogo com a expressão, cujos sentidos autoritários e coloniais são transformados por Michel. Levando em conta os debates socialistas sobre a propriedade, a autora explica considerar que termos como "tomada de posse", ou apropriação, são mais exatos do que "expropriação", pois esta implica a exclusão de uns ou outros, "o que não pode existir" (p. 45). E continua: "o mundo inteiro é para todos, e cada um deve ter o que lhe cabe: a terra ao semeador, o mármore ao escultor, o oceano aos navios" (idem).

As palavras de Michel ressoam nas conversações contemporâneas de Athena Athanasiou e Judith Butler (2013).

As autoras delineiam "desapropriação" *(dispossession)* como a situação na qual o corpo humano materializa-se e desmaterializa-se por meio da história da escravidão, colonização, alienação capitalista, *apartheid,* políticas de exílio e imigração, normalizações sexuais e de gênero, razão humanitária e governamentalidade securitária.[18]

A "tomada de posse" – atualizável como *despossessão* – é uma situação constituinte do capitalismo e dos processos de racialização e sexualização. Na Nova Caledônia, Déwé Gorodé (1949) – escritora, política e uma das primeiras feministas canacas – enfatiza de modos críticos essa articulação, reivindicando que "não há liberação *Kanak*, sem liberação das mulheres".[19]

Propondo um método contranarrativo, interessada pelos anarquismos e

---

[18] ATHANASIOU, A. & BUTLER, J. 2013. *Dispossession: The performative in the political.* Cambridge; Malden: Polity Press, p. 10.

[19] CAILLARD, F. & PAGE, M. « Entretien avec Françoise Caillard. Boukan ». *Le Courrier Ultramarin: Cayenne.* Disponível em <https://www.une-saison-en-guyane.com/article/societe/%E2%80%89deconstruire-le-patriarcat%E2%80%89-entretien-avec-francoise-caillard--militante-en-nouvelle-caledonie/>

pelo feminismo decolonial, Françoise Vergès (2017) defende a ideia de que *despossessão* em nome da França, humilhação e massacre incitam às revoltas contra a colonização, como se deu com a insurreição de *El Mokrani* (1871) na Argélia e aquela liderada pelo chefe Ataï dos *Kanak* na Nova Caledônia (1878), assim como a insurreição operária em Paris (1871).

El Mokrani é assassinado lutando, e a insurreição é vencida na Argélia em 1872, garantindo ao Estado francês a apreensão de centenas de milhares de hectares pertencentes a milhares de argelinos agora despossuídos, a quem é dada a alternativa de se tornarem, em sua própria terra, empregados dos novos colonos. *Communards* e insurgentes da Argélia condenados à prisão viajam nos mesmos barcos para a Nova Caledônia.

Ali a colonização significava desapropriação e roubo de terras – algumas cedidas aos *communards*. Quando, em 1878, Ataï assume o comando da revolta, *communards* e insurgentes são convidados a lutar contra o levante dos *Kanak*. Um convite a "branquear-se", ou seja, a aceder a propriedade de privilégios produzidos por concepções imperialistas, classistas, misóginas e racistas. Derrotado, Ataï tem a cabeça decepada e enviada ao Museu de História Natural de Paris com o intuito racista de provar a "inferioridade" dos *Kanak*.[20]

Louise Michel chega ao arquipélago da Nova Caledônia em 1873. No desembarque com Nathalia Lemel protagoniza um episódio que marca a presença das mulheres deportadas: uma ameaça de suicídio. O protesto ocorre ao serem informadas de que seriam alocadas com mais conforto que seus companheiros. Opuseram-se, exigindo as mesmas condições dos homens.[21]

Após algum tempo é levada para a baía de Ngi, onde estabelece uma relação educacional – cujas inúmeras tensões devem ser consideradas – com os *Kanak*, aprendendo sua língua e cultura e ensinando as suas. Em 1875, publica o

---

[20] VERGÈS, F. 2017. « *La colonisation entraîne un 'blanchiment' de révolutionnaire transformés en colons* ». Paris: Union Comuniste Libertaire. Disponível: <https://www.unioncommunistelibertaire.org/?Francoise-Verges-sociologue-La-colonisation-entraine-un-blanchiment-de>

[21] LODI, S. 2016, p. 129.

livro *Légendes et chansons de gestes canaques* (Lendas e canções de gesta canacas). Na posicionalidade de colona, Louise Michel, e poucos outros, como Jean Allemane (1843-1935), demonstrou seu apoio aos *Kanak*, durante a insurreição de 1878.

Ela recebe anistia, em 1879, recusando-a por se tratar de um benefício restrito. No ano seguinte, é declarada a anistia geral e a anarquista retorna a Paris. Certos relatos falam em dez mil pessoas aguardando a chegada da "Virgem Vermelha" da Comuna, cujas histórias àquela altura viraram lenda.[22]

Como traço comum com as figuras femininas, a vida sexual de Michel causava interesse, entre apoiadores e detratores. Uma das primeiras biografias sobre ela foi publicada, no ano de sua morte (1905), pelo *Scientific Humanitarian Commitee* (Comitê Científico Humanitário), em *The yearbook for intermediate sexual types* (O livro do ano sobre tipos sexuais intermediários).[23]

---

[22] LODI, S. 2016, p. 133.

[23] MULLANEY, M. M. "Sexual politics in the career and legend of Louise Michel". In The University of Chicago Press: Chicago, vol. 15, n° 2, 1990, pp. 306-307. Disponí-

Tempos antes, havia despertado interesse em Cesare Lombroso (1835-1909), um dos criadores da antropologia criminal. Realizando medições de crânios, delimitando assimetrias faciais e identificando mandíbulas, Lombroso tipificava os desviantes, os criminosos. Em *O homem delinquente (L'uomo delinquente,* 1876), um de seus principais trabalhos, uma imagem de Louise Michel está colocada entre aqueles definidos pelo doutor como desprovidos de sentido moral.[24]

A produção desse tipo de imagem é efeito de práticas e discursos misóginos, classistas e racistas, reunidos em um sentimento antissocialista. Uma perspectiva que pretende classificar como criminosa a violência revolucionária de Michel. As lutas socialistas tornam-se, nesse modo de pensar, não uma crítica contundente a um sistema social, político e econômico produtor de misérias, mas uma patologia.

---

vel em: <https://www.jstor.org/ stable/3174487>.

[24] MULLANEY, M. M. "Sexual politics in the career and legend of Louise Michel". In The University of Chicago Press: Chicago, vol. 15, nº 2, 1990, pp. 306-307. Disponível em: <https://www.jstor.org/ stable/3174487>.

"Louca" foi como os relatórios de polícia e jornais franceses chamaram Louise Michel, após sua volta do exílio. No mesmo ano que profere o discurso *Tomada de Posse*, é detida em Viena e tem sua sanidade questionada em dois relatórios estatais.[25] Os ideais anarquistas de Louise Michel eram tomados como delírios.

Por sua vez, a militante trata de afirmar com um refinamento da inteligência as posições políticas que defende: "a apropriação de tudo por todos não é nada menos do que a libertação de toda gente: o fim do roubo eternamente cometido pelos privilegiados e estupidamente aceito pelas multidões" (p. 78).

Nos meios anarquistas internacionais seu nome é sinônimo de luta e liberdade. Suas qualidades oratórias servem de parâmetro para o elogio da operária uruguaia Virginia Bolten (1870-1960). Uma das organizadoras das manifestações do 1º de Maio em Rosario de Santa Fé, Bolten é "apelidada de *'Louise Michel'* por ser uma *'mulher de barricada'* com *'grandes qualidades oratórias'*".[26]

---

[25] LODI, S. 2016, p. 148.
[26] RAGO, M. 2000. "Luce Fabri, o anarquismo e as mulheres". *Textos de História,* vol. 8, n° 1/2, p. 226.

Louise Bourgeois (1911-2010), artista francesa/estadunidense de grande importância para as lutas e perspectivas feministas no século XX, diz em uma narratividade autoficcional: "Deram-me o nome de Louise porque minha mãe era feminista e socialista, seu ideal era Louise Michel, a Rosa Luxemburgo francesa. Todas as mulheres em sua família eram feministas e socialistas – das ferozes!".[27]

As duas dividem, além do nome, o interesse pelas aranhas. No imaginário popular associada à genitália, a aranha remete aos discursos patologizantes de corpos feminizados e materializados em figuras definidas como desviantes, perversas e loucas, como lembra Margareth Rago,[28] historiadora filiada aos anarquismos e feminismos. Louise Bourgeois as desenha e esculpe, enquanto Louise Michel – instigada pelo pensamento de Charles Darwin (1809-1882) – dedica-se a estudá-las durante o exílio.

---

[27] BOURGEOIS, L. 2004. *Destruição do pai. Reconstrução do pai.* São Paulo: Cosac Naify, p. 112.
[28] RAGO, M. 2013. "Foucault, a histeria e a aranha". In: S. Muchail; M. Fonseca & A. Veiga-Neto (orgs). *O mesmo e o outro: 50 anos da "História da Loucura".* Belo Horizonte: Autêntica, p. 238.

Libertária, Louise Michel apropria-se das ciências, das revoluções e dos sonhos que muitos desejam, ainda hoje, serem exclusividades masculina, branca, heterossexual. Constitui um modo de vida revolucionário, generoso e radicalmente aberto à alteridade. Seus textos aspiram a outras formas de sociabilidade, livres da propriedade individualizada. Um mundo em que abundâncias e prazeres sejam compartilháveis.

Em obituário feito pelo amigo Charles Malato (1857-1938), lê-se: "ninguém foi menos dogmático, menos intolerante. Verdadeiramente libertária, ela admitia para os outros o direito de não se sentir e pensar como ela sobre qualquer questão". A leitura de seus textos inspira práticas libertárias de densidades oceânicas.

Gabriela De Laurentiis é artista, pós-doutoranda na FAU-USP e bolsista FAPESP. Defendeu na mesma instituição a tese *Espacializações de Anna Bella Geiger: a imaginação é um ato de liberdade*. Graduada em Ciências Sociais pela PUC-SP, com intercâmbio acadêmico na Sciences Po Paris. Foi pesquisadora associada ao projeto Imaginários Urbanos FAPESP-Université de Lyon e integra o Grupo de Pesquisa "Representações: Imaginário e Tecnologia" (RITe). Autora de *Louise Bourgeois e modos feministas de criar* (sobinfluencia), com tradução para o espanhol (No libros) e integrante do projeto artístico Lâmina.

mais vale dormir embaixo da terra do que marchar nela sob o chicote.

tomada de posse[1]

*A anarquia é o futuro
da humanidade.*

Auguste Blanqui

[1] *Prise de Possession* é um termo jurídico do Código Civil francês referente à posse ilegal sobre um bem. É, também, um termo colonialista relativo à "conquista de posse" da Nova Caledônia pela França, assinada em 1853. Michel subverte o termo, utilizando-o num sentido bastante usado na época referente à tomada do poder pelo povo, preferindo este termo a outros como "expropriação" (Nota do Tradutor).

I.

No dia 23 de dezembro de 1888, em artigo intitulado *Visite des bouges* (Visita aos Cortiços), um jornal protestava contra o fato de que as pessoas dispostas a tal visita encontraram, num destes locais chamados cortiços, uma mulher sozinha,[2] em pé num tipo de tribuna, exclamando que "a anarquia é a ordem pela harmonia".

A verdade deve surgir dos cortiços, pois, desde o alto, não temos senão mentiras.

---

[2] Trata-se da própria Louise Michel, que evoca neste trecho um pronunciamento dado no *Faubourg du Temple*, para a população (N.T.).

A busca pela justiça deve vir dos deserdados e dos fora-da-lei.

Os males intoleráveis que estes sofrem desde o começo das sociedades humanas atingiram uma acuidade tão grande que escolheram se livrar deles como se arrancassem vestes em fogo, deixando pelo caminho pedaços queimados de sua própria carne.

Não é que os miseráveis não tenham tentado, já, se libertar. O problema é que há uma noite infinita de ignorância em que são metidos, cuja saída lhes é impossível.

O pássaro dificilmente constrói seu ninho novamente nas mesmas condições; o animal caçado, caso escape das armadilhas ou dos cães de caça, não se deixa enganar uma segunda vez. Quando não querem mudar as condições que as produzem, homens solitários suportam eternamente as mesmas dores.

Seria bom que, enfim, o ninho da humanidade fosse construído sobre um galho sólido. Seria bom que mudássemos a base, ao invés de perder tempo rearranjando fios de palha.

A base será a justiça igualitária, que tomará o lugar da força.

É o momento, e não nós, que criamos uma nova ordem de coisas; as circunstâncias se amontoam. A luta desesperada, sem medo ou misericórdia, é, agora, bem fundamentada. Não é mais o rebanho humano que a força de um beluário pode derrubar, mas a jovem humanidade que se levanta ao amanhecer, pronta para derrotar os monstros, armada pela ciência dos meios invencíveis.

Os frutidores[3] magníficos e pacíficos deveriam distribuir a todos os grãos, hoje em gérmen no sangue das turbas.

"Saber, querer, ousar, calar", dizia a Esfinge do Egito! Conhecemos nosso fim: é a libertação de todos, por todos. Queremos e ousaremos a liberdade. Quanto a nos calar, é aí que nos diferenciamos da Esfinge, pois gritamos aos privilegiados aquilo que há de mais alto, para que compreendam a iniquidade

---

[3] Frutidor: décimo-segundo mês do calendário revolucionário francês. Estendia-se entre 18 de agosto e 16 de setembro, relacionando-se ao amadurecimento das colheitas, banhadas de sol entre agosto e setembro (período de verão no hemisfério norte) (N.T.).

das coisas que os protegem; aos deserdados, gritamos para que se revoltem.

Não é um crime esperar enquanto milhões de seres são massacrados sob a égide da miséria como um frumento humano, como uvas numa prensa? É desta forma que o mundo burguês come seu pão e bebe seu vinho, comungado, assim, sob ambos os emblemas.

Consideremos as coisas com sangue-frio: aqueles que viram os incêndios das fazendas sabem que, nestas ocasiões, é de bom tom ir em busca dos cavalos assustados, que mergulham nas chamas ao invés de deixar o estábulo que se desintegra sobre suas cabeças; bem, uma parte da multidão é assim.

Felizmente, não podemos reviver os dias de outrora e o velho mundo, como árvores cem vezes seculares, se desintegrando em pó de um momento para outro.

O poder está morto. Como os escorpiões, matou-se. O capital é uma ficção, pois, sem trabalho, não pode existir. E não se trata de padecer pela República, mas de construir a República social.

O pai infeliz que, nestes dias, dá a seu filho um copo de ácido sulfúrico como se fosse de vinho branco, não é culpável. A criança não morre pelo pai, mas por esse regime de grandes sendas que apresentamos como "a República". Cremos ir de encontro à vida, mas chegamos à morte.

Não existe nenhuma diferença entre um império e qualquer governo regido pelos mesmos meios a não ser pelo título e pela quantidade de soberanos. Nossa República possui milhares de reis.

Aquilo a que se pode chamar de *republicae* seria algo de todos: a humanidade livre caminhando sobre um mundo livre.

O trabalho morto e a miséria abundam pelos povos; a abundância e o prazer são exclusivos aos mestres. Eis os governos ao redor de todo o mundo. Podeis chamar isso de todos os nomes possíveis, porém, são os mesmos, são impérios diferentemente trajados.

Erraríamos, entretanto, em não reconhecer quão grandiosa é a lógica das coisas. Mais preconceitos caíram por terra esse ano do que vimos desaparecer ao longo de toda nossa vida. Não é que os tenhamos destruído. Aqueles a quem os preconceitos trazem benefícios foram pressionados como vacas leiteiras ao ponto de que os mais ingênuos abriram seus olhos: por todo lado, as cordas são puxadas com força suficiente para começarem a se romper.

Podemos ainda falar de sufrágio universal sem rir? Todos são obrigados a reconhecer que esta é uma péssima arma e que o poder a tem sob controle, o que deixa muito pouco aos bons eleitores a não ser a escolha dos meios para que sejam treinados e embalados.

Quando Ataï[4] encabeçou a revolta das tribos contra a ocupação francesa para reconquistar a liberdade, foi combatido por obuses desde o alto das montanhas, enquanto os confrontava com lanças (o que deu a vitória àquilo que chamamos "civilização" contra o que se tornou convenção denominar "selvageria").

Foi muito bonito o enfrentamento dos *Kanaks*[5] contra a artilharia moder-

---

[4] Grande chefe *Kanak*, líder da rebelião contra os colonizadores franceses em 1878 (N.T.).

[5] *Kanak* é um povo autóctone da Nova Caledônia, no arquipélago da Melanésia, ao leste da Austrália. O

na munidos de lanças, estilingues e fuzis velhos obtidos através de longos anos de pilhagem em Nouméa.[6] O motivo da luta, entretanto, não deve ser posto em dúvida: as cédulas eleitorais vendidas pelas promessas de candidatos não valem mais do que as lanças contra os obuses.

Pensais, cidadãos, que os governantes vos permitiriam qualquer ação se pudésseis vos servir de uma revolução?

Vosso voto é a oração aos deuses surdos das mitologias, qualquer coisa como o mugido de um boi perante o abate. É necessária muita estupidez para que fizésseis com que isso contasse novamente, assim como seria necessário que não vos enojásseis guardando ilusões sobre o

---

nome foi usado pejorativamente ao longo dos anos, até que na década de 1960, foi resgatado de forma resistente na luta pela autonomia político-cultural. Na época em que Michel escreveu, a Nova Caledônia era uma colônia penal para a qual a própria autora havia sido levada. Esta experiência deu origem a *Lendas e Cantos de FGestas Kanaks*, de 1885. Até hoje, a Nova Caledônia é um território francês. Em 1998, o Acordo de Nouméa deu permissão para a realização de três referendos sobre a independência do território. O primeiro ocorreu em 2018, o segundo em 2020, ambos rejeitando a independência, e um terceiro se realizará em 2022 (N.T.).

[6] Capital da Nova Caledônia (N.T.).

poder, mesmo vendo-o revelar-se muito bem em ação.

"Depois de nós, o fim do mundo!" Eis o que devem dizer os tristes senhores que arrecadam subornos maiores que o tonel de Heidelberg:[7] o fim de seu mundo. Sim, esse será o começo de um novo eoceno.

Falemos das coisas como lhes é merecido: as leis que pretendem ajudar o progresso, pelo contrário, as encerram em um círculo de ferro. Caso contrário, não serviriam a nada.

Será que um governo que suceda a outro, enganchado na mesma rede, fechado como um esquilo numa mesma jaula (na qual, com mais ou menos atividade, ele corre em círculos numa roda), pode fazer algo diferente de seu antecessor?

Por acaso a razão de Estado não o torna impotente a qualquer outra coisa que não sua própria conservação, em nome da qual esta razão mesma sacrifica milhões de pessoas e tudo aquilo

---

[7] O Tonel, ou Barril de Heidelberg, é um conhecido barril de vinho instalado no Castelo de Heidelberg, Alemanha, construído em 1751 e com capacidade original de 221,726 litros (N.T.).

que sustentaria milhões de outras? Não há diferença entre o rebanho e o gado humano: é preciso tosá-los e abatê-los.

A constituição que nossos ancestrais esboçaram há cem anos com a mesma madeira de seus andaimes, e cujas reações subsequentes abafaram, fez os déspotas tremerem como perante o rugido de um leão. Rapidamente, eles se deram conta de que suas leis serviam de jaula para a fera, e o deixaram rugir o tempo que quisesse, pois as barras de ferro são sólidas e a porta está bem trancada.

As coisas simplesmente mudaram de nome. A moenda continua tão pesada quanto antes. É ela que devemos quebrar a fim de que ninguém volte a usá-la para moer as multidões.

Há muito tempo as urnas se congestionam e se vomitam periodicamente sem que seja possível fornecer uma forma incontestável outra que não esses pedaços de papel, carregados, diz-se, da vontade popular, e que se pretendem carregadas de raios, não carregando, entretanto, absolutamente nada.

A vontade do povo! Por esses meios é que nos preocupamos com a vontade do povo?!

Caso essa vontade incomode, é deixada de lado: é isso. Pretende-se que ela seja contra a lei e, caso lei não haja, basta fabricá-la ou simplesmente demarcá-la, tal qual escritores sem imaginação demarcando o capítulo de um romance.

O sufrágio, dito universal, é a última esperança daqueles que querem a sobrevivência da velha sociedade leprosa. Não a tendo podido salvar, ei-la madrasta, parricida, estendida sobre a mesa de dissecção, tão putrefata que é preciso lhe enterrar o cadáver ao redor do qual, semelhante aos coros da Antiguidade, gemem e vociferam todas as dores que causou.

Não faz muito tempo que a finança e o poder viveram suas bodas à chegada de cada novo governo; isso ocorre desde sempre, enquanto dias pesados e sombrios se acumulam como areia sobre as multidões, sobre os mais explorados, mais miseráveis que animais destinados ao abate.

II.

É provável que, na infância da humanidade, os primeiros a cercarem um pedaço de terra cultivado por eles mesmos o tenham feito somente para abrigar seu trabalho, do mesmo modo que se organizam ferramentas. Na ignorância geral e na simplicidade das necessidades, havia ainda espaço para todos.

Hoje, não é o trabalho próprio aquele que cercamos com barreiras, mas o trabalho dos outros. O que serve para que tantos vivam suntuosamente sem fazer nada não é aquilo que eles mesmos semearam, mas o que outros semearam ao longo de milhares de anos.

Se hoje, portanto, fazer algo não garante o germinal de ouro, para a economia o tempo é de colheita. Fecundada a podridão social, a colheita promete: é alta e densa, e felizmente não adentrará os covis de seus monopólios; o maremoto de multidões lavará tudo, afogando os feixes e lançando-os à terra.

Assim como a antropofagia passou, também o capital passará. Aí está o coração do vampiro. É ele que é preciso abater.

Como na lenda húngara, é lá que a estaca deve ser fincada, tanto para a libertação daqueles com posses quanto para a dos deserdados: não mais será necessário o parricídio para que retiremos os sapatos dos mortos.

De festa em festa, de hecatombe em hecatombe, o capital, minado por todos os crimes que comete, corroído por seus próprios abusos, não tem mais o que fazer senão desaparecer.

O grotesco se impôs: é Harpagon,[8] roubando a si mesmo, tanto quanto Shylock[9] se remunerando com carne viva, acuados como cães enraivecidos diante da necessidade do trabalho para se preservar da morte.

O próprio trabalho se surpreende quando percebe que, sem ele, nada pode existir. Tendo tudo produzido, sempre oprimido pela miséria e pela fome, possui uma herança real, que é produzida sem cessar e é, aliás, a herança de todo humano – o trabalho não adere o espírito comunista para refazer privilégios

---

[8] Personagem principal de *O Avarento* (1668), de Molière (N.T.).

[9] Personagem central de *O Mercador de Veneza* (1600), de William Shakespeare (N.T.).

e castas – que se estende à apropriação pelo trabalho, pela ciência e pelas artes, de tudo aquilo que lhes pertence, isto é, do solo fértil, das máquinas que multiplicam a produção e reduzem as horas de trabalho. E que se estende, também, às forças da natureza, para que sirvam de instrumentos dóceis e potentes.

O capital, abandonado a si mesmo, é estéril como o granito. Um Deus tão moderno quanto ilusório, como todas as divindades que cobriram a terra de ruínas, começa a ser reconhecido como tão fictício quanto os fios de cabelo de raposa que servem de moeda aos *Kanak*s.

Se os produtos da indústria humana, exibidos na Exposição,[10] fruíram de uma resposta fértil para cofres já cheios, tais produtos tiveram, ao mesmo tempo, a imensa vantagem de provar de que modo as descobertas podem multiplicar infinitamente os recursos da humanidade! A questão é simples e conclusiva.

---

[10] Trata-se da Exposição Universal, realizada pela primeira vez em Londres, em 1851, seguida pela de Paris em 1855. Iniciativa de Albert, Príncipe Consorte do Reino Unido, a Exposição tinha como objetivo apresentar aos povos (europeus) os avanços da civilização industrial (N.T.).

Duas coisas, entre outras, eram claras nesta Exposição: na galeria de pintura, o retorno da caça na *époque du renne*;[11] anteriormente, talvez no começo das eras, o macho jogava a presa ensanguentada no chão. Seu rosto trazia uma força calma, força do amanhecer do mundo – a família, e talvez a tribo, já haviam nascido – a força serve apenas para tornar a vida possível na natureza severa. Há caça, especialmente de animais selvagens, sem dúvida, mas não há guerra. Os homens precisam um dos outros – ao evoluir, a força não mais protege, mas esmaga; esse é seu fim.

Na galeria das máquinas, por sua vez, exibiam-se monstruosidades. Um ruído de colmeias, como o que causariam as abelhas de apiário, te cativa e quase te puxa para dentro de engrenagens colossais.

Que abismo entre ambas as épocas! As duas extremidades do círculo se juntam e um novo ciclo se abre, desenhan-

---

[11] Termo usado na época para designar o Paleolítico superior, em que as renas abundavam no continente europeu, tendo sido representada na arte parietal e, de forma destacada, na gruta de Font-de-Gaume, na Dordonha (N.T.).

do novos ciclos eternamente, cada vez maiores, que se desfazem como aqueles que se formam quando lançamos uma pedra na água.

Neste tempo provisório, envolto na mortalha de uma crisálida, a humanidade sente surgir novos sentidos – enquanto alguns, antigos, se prolongam. A personalidade se expande para milhares de vidas que se agitam ao nosso redor, parecidas a uma gota de água na imensidão do mar. A terra parece pequena e dir-se-á que outras esferas virão ao chamado da internacional dos mundos, não deixando sobrar no coração ou nas páginas nenhum suspiro humano. Primatas que somos, vivemos para adiante, sem mesmo nos dar conta.

As forças desconhecidas, cujas causas nos escapam, naturais quanto possam ser, os erros de nossa apreciação, a lerdeza da linguagem que reveste mal o pensamento, a ignorância das próximas descobertas, todas essas coisas nos travam – não há mais palavras para tudo aquilo que pode, ainda, despontar. Últimos de uma época, semeamos, batemos a argamassa; outros construirão o edifício e nós desapareceremos envoltos por tudo o que vivia como um sudário, cujos cantos são devolvidos ao cadáver. Quando, sob a mortalha das águas, reencontrarmos Atlântida, naufragada como um navio, ela não estará mais morta que nós, ontem ou hoje, uma vez que partirmos.

Somos o mesmo espectro que testemunhou tempos passados; os homens que morrem se assemelham a moléculas que se renovam sem que o corpo, a humanidade, se aperceba.

A vida universal começa a ser descoberta; a atração que puxa o ferro em direção ao ímã, que sustenta os globos no espaço, se faz sentir também nos grupos humanos; estes reconheceram que não são mais insensíveis a esta inclinação do que qualquer coisa na natureza, cujas leis se fazem conhecer à medida em que as mentiras desaparecem.

A atração pelo progresso se afirmará na medida em que se garanta o pão e algumas horas de trabalho – tornado atraente por ser voluntário –, que serão suficientes para produzir mais do que o necessário para o consumo.

III.

"Tomada de posse" ou "apropriação" são termos mais exatos do que "expropriação", pois esta implica uma exclusão de uns ou outros, o que, para nós, não pode existir. O mundo inteiro é para todos, e cada um deve ter o que lhe cabe: a terra ao semeador, o mármore ao escultor, o oceano aos navios. São essas as verdades de *La Palisse*,[12] e temos que admitir que estas ainda não foram compreendidas.

Aqueles que vivem da estupidez humana cultivam-na tão amplamente que se recusam a reconhecer coisas absolutamente elementares.

A propriedade individual se obstina a viver, malgrado seus resultados antissociais, os crimes que causa em toda parte (dos quais apenas a centésima fração é conhecida), a impossibilidade de viver mais, presos à miséria eterna. O colapso das sociedades financeiras

---

[12] Jacques II de Chabanes, ou Jacques de La Palisse, foi um nobre e militar francês, senhor de La Palisse, nascido em Lapalisse, em 1470 e morto em 1525 em Pavia, na Batalha de Pavia, como Marechal da França sob Francisco I. Seus feitos foram de grande popularidade e se tornaram objetos de trovas e sátiras (N.T.).

pelos roubos que cometem – a Dança Macabra dos bancos, o desperdício dos governos em pânico, que de bom grado se cercariam por um exército para proteger suas representações, núpcias e festins de homens predadores, todas essas turbulências são o último ranger dos dentes que riem da cara dos miseráveis.

Uma única greve geral poderia terminar com esse processo; ela se prepara sem outros líderes, além do instinto de vida – revolta ou morte, não há alternativa.

Esta primeira revolta, por parte daqueles que sempre sofreram, se parece com o suicídio. Toda greve parcial pode ser considerada assim. Paciência! Ela se tornará geral e não terá recursos ou fundos de socorro, nada, já que seu benefício nunca se destinou aos trabalhadores – seremos levados, assim, a considerar a alimentação, a vestimenta e o abrigo indispensável à vida como butins de guerra.

Mas este butim não está, mais do que em qualquer guerra, na luta social?

Iniciada, esta situação não pode durar. O proletariado inteiro se encontra nela encurralado.

Mais e mais, o proletariado se torna numeroso, os pequenos e mesmo alguns grandes comerciantes, arruinados pela grande empresa, os pequenos empregados, um número incalculável daqueles que, com seus casacos pretos surrados, escondem sua miséria arrastada em busca de um trabalho que sempre lhes escapa; todas estas vidas, todas estas inteligências, se colocarão na greve geral. A energia do desespero não é vencida jamais.

Mesmo se os patrões, acreditando atrasar o inevitável usando apenas engrenagens de ferro, dispensassem todos os braços humanos, isso não se salvaria: eles mesmos são arrastados a reboque pelos imperadores do capital como escravos.

O rio de ouro pode fluir largo em suas casas; alguns deles fluem à deriva e veem, sem desespero, suas casas se tornando depósitos gerais da [revolução] social, ao invés de presas dos grandes ladrões.

A apropriação, seja porque ela é a luta suprema ao redor da bastilha capitalista, ou porque a inteligência humana a tomou de antemão, de modo que a totalidade entre em praça pública sem barreiras, não pode demorar mais do que os dias de dezembro demoram a entrar em janeiro.

Ninguém deve acreditar que as transformações sociais acabam conosco e que a mais ilusória das repúblicas seja o fim do progresso. O que está no horizonte, que devemos cruzar para chegar ainda mais longe, é a anarquia comunista. Cruzá-lo-emos, sem deixar de nos atrairmos pelo progresso, sem que a multidão se habitue a viver sem pão, a dormir, ela e seus filhos, sem abrigo, hoje mais abandonados que cães vadios.

As massas profundas contam com um redemoinho imenso que quer abrir as brechas de todo o velho mundo.

Talvez a greve geral na Alemanha seja a vanguarda daquela sociedade. Assim como na Inglaterra, na Bélgica, até onde a vista alcança, os grevistas se levantam em cem mil. Logo serão mais. Os trabalhadores londrinos da indústria do gás, os mineradores, os tipógrafos de Berna: o rio corre, nada lhe segura, pois a miséria levantou as barragens.

Como sempre, há os inconscientes que, famintos como os outros, tomam o lugar dos grevistas. Foi o que aconteceu em Berna. Ingleses, alemães, sobretudo, franceses, não importa; é o momento em que, de um instante a outro as greves dos negros se fazem vermelha. Conheceis a canção:

O gás é também para festividade,
Se às minhas joias resistis,
No meio da tempestade,
Faço explodir seu nariz.[13]

---

[13] *Le gaz est aussi de la fête/Si vous résistez mes agneaux/ Au beau millieu de la tempête/Je fais éclater ses boyaux* – referência à canção *Le Père La Purge*, do poeta e compositor anarquista Constant Marie. A canção conta a história do Pai Purga (pseudônimo de Marie), em sua missão de acabar com a "bílis da humanidade", os capitalistas, por meios anarquistas. Escolhemos uma tradução não literal, para manter a rima, salvaguardando, no entanto, o sentido original: a de que os anarquistas se insurgem contra o capitalismo por meios que servem, também, à festa e ao riso (N.T.).

IV.

"Eu achava", dizia o poeta estadunidense Walt Whitman, "que o dia era a mais bela das coisas, até que pude contemplar as belezas de tudo que existe. Acreditava que nosso globo terrestre bastava, até que miríades de outras terras surgiram silenciosamente ao meu redor. Agora, vejo que a vida, assim como o dia, não pode me mostrar tudo, vejo aquilo que a morte me mostrará". E adicionava, finalizando: "Isto não é um livro. Quem o toque, tocará a um homem".[14]

Whitman foi, de fato, este homem, um dos primeiros brotos desta terra em que germinou o nome "liberdade", que se estica como lianas das florestas virgens, crescendo, finalmente, para a libertação nunca [alcançada]; a liberdade até então não passava de flores imediatamente arrancadas.

E ele tinha razão em olhar através da morte; é através do pó e dos escombros de

---

[14] Ambas as situações se referem a um artigo de Thérèse Bentzon dedicado ao poeta e publicado na *Revue des deux monde*, de 1º de junho de 1872, p. 582. Cf. RÉTAT, C. (ed.). 2017. *Prise de Possession*. Paris: L'Herne (N.T.).

um mundo enterrado que olhamos para novos dias. Se nada pode ser erguido sobre a ruína, então aplaudimos o caos fermentando nas velhas instituições.

Os Estados Unidos da América do Sul[15] encontram nisso ressonância. A bala que atinge um vidro produz, ali, uma estrela; assim se propaga um golpe desferido ao despotismo.

Assim como os tremores de terra, as convulsões sociais seguem uma mesma linha vulcânica: propagam-se, sobretudo, pela eletricidade do pensamento tanto quanto por fios condutores.

As afinidades de línguas, caráteres e circunstâncias se ramificam através do espaço e do tempo. As raças mestiças, que possuem as atividades mentais dos europeus e a coragem selvagem dos índios, estão bem posicionadas em suas grandes planícies para se deixarem levar pelo fluxo da liberdade.

Esta pacata República do Brasil conta com as mesmas instituições que a França

---

[15] A República dos Estados Unidos do Brasil, proclamada em 15 de novembro de 1889, por meio do golpe de Estado encabeçado pelos militares, com o apoio de magistrados, homens públicos, escravocratas e intelectuais (N.T.).

de 1848 e as abalará: são anões despidos de seus hábitos que os ásperos ombros dos gigantes partirão ao meio. A República do Brasil é o prólogo das [Revoluções] Sociais Unidas da América, que ecoarão nas [Revoluções] Sociais Unidas da Europa.

V.

"Unidos, o mundo inteiro não vos faria frente", dizia Vercingetórix[16] aos gauleses.

O tempo dos gauleses passou, assim como passa o tempo da França, e aqueles a quem ela oprime não se encontram unidos. Unem-se somente para cair em cima de outros escravos, que reportam a seus mestres imperadores: rei do gládio no passado, financistas hoje, ambos com seus espólios ensanguentados.

Adiante *bagaudes*,[17] adiante milhares de Jacques, vós que portais o colar da miséria tão sólido quanto o colar de ferro dos antepassados. É a vigília das armas! Falemos enquanto a hora não vem!

O verão se mostra severo em suas grandes planícies. Penetrante é o odor do feno cortado sob o sol; cheiros campestres emergem numa espécie de sonho; o sonho da liberdade.

---

[16] Vercingetórix (Auvérnia, 80 A.E.C – Roma, 46 A.E.C.), grande chefe gaulês que liderou a revolta celta contra o Império Romano (N.T.).

[17] Os *bagaudes* eram bandos de camponeses gauleses arruinados pelas guerras, desertores, escravizados fugidos da miséria. Dado o caráter histórico do termo, que remete diretamente à referência à Gália, escolhemos manter no original (N.T.).

Não fosse o homem escravo do homem, a natureza seria bela. Mesmo sob a neve de inverno, onde dorme, fatigada dos germinais e frutidores do ano.

Penando sem folga para que seus mestres não façam nada, o trabalhador não pode dormir; estes últimos morrem sofrendo enquanto os primeiros engordam.

Podes ouvir, camponês, estes sopros que passam com o vento? São as canções de teus pais, os velhos *bardits*[18] gauleses.

"Corra, corra vermelho, sangue do cativo. A terra florescerá; vermelha como verbena, e o cativo será vingado".[19]

Desde centenas e milhares de anos, portanto, os filhos da Gália e do mundo, cativos do capital, se atiram ao estrangulamento. Sobre eles a erva pulsa sobre os campos, mais alta e mais espessa. Ainda assim, a libertação não vem. Tu imploras ao invés de tomá-la.

---

[18] Os *bardits* eram os cantos de guerra compostos pelos bardos celtas e germânicos (N.T.).

[19] *Coule, coule, sang du captif, rouge, la terre fleurira ; rouge comme les verveines, et le captif sera vengé* – esse *bardit* foi retirado por Michel do romance de Eugène Sue, *Les Mystères du Peuple*. Cf. RÉTAT, C. (ed). 2017. *Prise de Possession*, op.cit.

Ninguém tem o direito de subordinar os outros. Portanto, aquele que toma sua liberdade não faz mais do que tomar algo que lhe pertence; o único bem verdadeiro.

Entre todos os mestres da raça latina, teuta, eslava, pouco importa, existe a aliança da força: os dominadores se unem à mesma medida em que os escravos se dividem. Quando as manadas se tornam ameaçadoras elas são dizimadas no abatedouro da guerra.

O animal humano, como o cavalo de raça e o touro bravo, suporta cegamente o treinamento para o qual sua ignorância – profunda como a da besta – e sua imaginação superior, o entregam inteiramente. E as mentiras da política, similares às asas dos vampiros, embalam docemente as multidões da qual sorvem o sangue. As promessas falaciosas, cintilando nos olhos dos mortos de fome, não podem durar eternamente.

Um dia, talvez próximo, do fundo do desespero soprará a revolta; seja por uma greve geral, seja por uma catástrofe, pelo colapso do poder ou pela revolta das massas, quem sabe? Sentimo-la próxima, seu hálito sopra sobre nós, frio como o ódio e a morte. O ódio das valas comuns, das prisões, dos laza- retos[20] no quais, estupidamente, como a ovelha à espera do abate, se instala a humanidade.

Queres, camponês, cessar sua resigna- ção eterna e idiota? Deixe seu arado de lado até que a terra pertença à humani- dade e não aos abutres; porque morres de fome, se há grãos amontoados para séculos? Coma o trigo de sua semeadu- ra – fique tranquilo, isso não destruirá as colheitas futuras. Que coma o pão aquele que semeia o grão![21]

Recusai seu filho, camponês, ao es- trangular de outros povos, e sua filha ao prazer dos mestres ou valetes; ensinai- -lhes a revolta a fim de que eles tenham, enfim, a revolução social, a República humana. Recusai seus últimos tostões para o pagamento dos usurários que te

---

[20] Nome dado a locais de internação de pessoas aco- metidas de lepra, em referência a São Lázaro. Lazare- tos podem ser, também, de modo geral, locais desti- nados a quarentenas, especialmente, historicamente, de navegadores (N.T.).

[21] Segundo Claude Rétat, Michel aqui faz referência direta a Shelley, a quem traduzia assiduamente. Cf. RÉTAT, C. (ed.). 2017. *Prise de Possession*, op. cit, p. 49.

mordem. Recusai tudo, para que logo venha a greve final, a greve da miséria.

E tu, companheiro, que vagabundeias pelas noites frias, esfarrapado em seu casaco de trabalho ou em seu casaco negro em frangalhos, o que esperas para tomar seu lugar de combate? Não esperes trabalho ou ajuda. Governantes e financistas têm mais o que fazer do que se ocupar de ti e, se fossem inteligentes, fariam com que o povo, paciente como é, adiasse o prazo da revolução.

Que assim seja. Isto não se daria para a alegria de ninguém, nem mesmo para a deles. Estamos nos sufocando no estrangulamento social e aqueles, possuidores de um coração humano, sejam quem forem, saudarão o livre alvorecer do século XX.

Tu, que nada possuis, tens duas rotas a escolher: seres tolo ou patife. Nada entre ambos, nada além, ou aquém – nada senão a revolta.

Esperas que o vadio não seja condenado simplesmente porque não roubou, ou esperas passar para o ilustre submundo em que milhões são roubados e tudo está à venda? Não há nada que vos diga que é chegada a hora de despertar? E vós, que possuís, a noite de 4 de agosto,[22] não vos tentas desta vez porque seria mil vezes maior e mais bonita que aquela de nossos ancestrais, pois conquistaria o mundo.

O sentido da aquisição existe ainda no homem tanto quanto na besta, mas não é possível crer que dure, uma vez que a inteligência se expande mais e mais. Aquilo em que acreditávamos é elucidado e as coisas eternamente incompreendidas são postas à luz. O comunismo começa a se desenhar e ninguém detém a posse do sol que o ilumina ou do oceano que o atravessa; por acaso o sol aproveita menos com isso? Assim é que todas as coisas serão para todos sem serem compartilhadas. Esta transformação é iminente; os eventos estão mais próximos do que o esperado, e o tempo em que as lições rendem seus frutos é relativamente curto. Amanhã, talvez, as pragas que aumentam nossas misérias serão a gota d'água.

---

[22] *Nuit du 4 août 1789*, data fundamental da Revolução Francesa, em que a Assembleia Nacional Constituinte votou pelo fim dos direitos e privilégios feudais (N.T.).

Epidemias advindas seja da miséria profunda e negra, seja de fontes ordinárias, da Ásia, talvez, ou do sangue ainda fresco das hecatombes, enchendo o ar de miasmas mortais, podem acelerar o fim desoladamente. A peste, como a greve, pode lançar seu sudário sobre o velho mundo.

Não fará diferença alguma que as cidades estejam silenciosas, sem trabalho, sem luz e sem vida por conta da greve geral, ou que a morte se encontre latente sob suas asas. Aqueles que dormem sob as pontes em muquifos sórdidos não serão presas das pestes sem que, nem que por uma noite, ocupem os Campos Elísios, dormindo sua última noite nos sonhos da [revolução] social, da Marianne[23] dos antepassados. Conheceis o refrão:

Vá, Vá, Marianne
A tocha em mãos,
Soai o alarme![24]

---

[23] Marianne é a personificação da República Francesa, conhecida pela imagem de uma mulher vestindo o barrete jacobino. Talvez sua representação mais conhecida entre nós seja pelo quadro *A Liberdade guiando o Povo* (1830), de Eugène Delacroix (N.T.).
[24] *Va, va Mariannes/La torche à main/Sonne le tocsin* – versos de *La Marianne de 1883, marche populaire*, le-

Não serão os palácios que queimarão, mas os cortiços infectos e horríveis para que jamais alguém volte a habitar estes antros indignos da humanidade.

Todo eoceno tem seu período heroico – os heróis lendários do tempo que se abrirá não serão indivíduos, mas os povos.

O indivíduo passa por transformações parecidas às das sociedades; molécula do infinito, ele sente enfim que se relaciona com tudo aquilo que lhe influencia: astros, coisas, seres. E cada vez mais a inteligência sem fim se estende como o progresso.

Falamos de lendas: talvez elas sejam antes a alma de sua época do que sua história. Nossa decrepitude as tem tão ferozes quanto se possa imaginar, erroneamente verdadeiras, embora perfeitamente incríveis para o futuro. Aqui temos uma lenda quente – quente de sangue – que dirá aos nossos sucessores a qual ponto chegamos de crueldade, na esperança de que a ela acrescentem fé.

---

trada por Olivier Souêtre, *communard* bretão (N.T.).

Um chefe de piratas, Doï-Van,[25] tornado chefe de resistência contra os invasores, imaginou que, para vencer seus inimigos, era preciso estudar seus medos. Doï-Van fingiu submissão aos franceses e, conhecendo as forças inimigas, pode recomeçar o combate pela liberdade. Foi um audacioso, um bravo, que soube desafiar a derrota e a morte. Perseguido por compatriotas mercenários ou chantageados, foi condenado à morte; a execução foi tão horrível que é possível se perguntar se não foi uma provocação. Um quepe em uma cabeça: esta é a forma impressionante de representação da empreitada nefasta que se passou em Tonkin. Na quinta-feira do dia 9 de novembro de 1889, ano do centenário da Revolução, Doï-Van, condenado à morte pelo tribunal misto de Bac-Ninh, entrou em Hanói numa jaula, como nos tempos de Luís XI. O cangue em volta do pescoço, os braços algemados, preso a uma forca sobre uma plataforma que servia à orquestra dos regimentos [na qual] teve de subir, ajoe-

---

[25] Pirata anticolonialista da Indochina Francesa, capturado em Tonkin pela Guarda Civil Indígena em 1888 (N.T.).

lhado, com o rosto voltado para o lado; a longa leitura da sentença em francês e em vietnamita,[26] para qual foi escolhido um de seus inimigos. Suas vestes rasgadas deixavam descobertas as feridas infligidas na luta contra os ocupantes de seu país, submetido à fricção no pescoço pela mão do carrasco: três golpes de gongo que prolongavam a agonia. A calma de Doï-Van é indubitável: "Seja rápido!", ele diz ao carrasco. A cabeça golpeada é lançada adiante e as selvagerias se seguem: um cão de caça trazido pelos franceses a massacra; detalhe que não seria estranho aos canibais.

O corpo é lançado à água, a cabeça é tomada da boca do cão e enviada de presente, não sei para quem. Este crime dará início a novas cenas de represálias até que os Tonkin se afundem em cadáveres ou até que o mundo seja livre. Tivestes o suficiente destes horrores? Quereis, com-

---

[26] Michel usa o termo "*annamite*", referente ao protetorado francês de Annam, que se expandia do centro ao sul do atual Vietnã. Diversos dialetos são falados na região, como o Cham, Bahnar, Rade, Jarai, entre outros. Traduzimos o termo por "vietnamita" como uma designação ampla, que engloba as particularidades dialetais (N.T.).

panheiros, que o trabalho e o pão de toda uma classe valham esse esforço?

Se vos agrada, proletários de todo o mundo, permaneceis como sois. Talvez numa dezena de milhares de anos, podereis alavancar ao poder três ou quatro dos vossos; o que vos fará esperar uma maioria socialista em vinte e cinco ou trinta mil anos. Entretanto, à medida em que adentrarem nesta caverna incrustada, serão todos tomados pela mesma petrificação. Talvez, camaradas, a comédia parlamentar vos divirta e, por menos que vos agrade imitar o jovem de Succi,[27] tereis uma parte naquilo que leva à ruína e à decadência: os espetáculos. Quanto ao pão, não há para ele espaço nessa comédia. Não contais, também, com o abrigo.

Quinhentos por vez, o gado toma o trem-miséria que lhe permite dormir sem um teto; suas silhuetas sem pelos e magra se desenha lúgubre, e os burgueses atrasados, vendo passarem os miseráveis, seguram seu passo, assomados de terror, enquanto as escarpas e amuos de milhões prosseguem, saudados até o

---

[27] Giovanni Succi foi um ator famoso na época (N.T.).

chão pela [estupidez humana]. O asno carregado de tesouros será eternamente verdadeiro.

Aos desesperados, entretanto, há recursos amplamente disponíveis. No profundo e vasto Sena é possível beber muito e dormir sem medo de acordar. Alguns têm dificuldade em gerenciar seus invernos nas prisões, mas estas também são abertas (nem sempre, é verdade). O que faríamos com aqueles que não tememos? A miséria os domesticou, eles morrem onde podem e não alcançam o poder. O inverno é, afinal, tempo de festas para aqueles que se riem dos outros. Os sinos de madeira badalam mudos, anunciando o réveillon da miséria; réveillon dos esfarrapados, dos sem-pão, das colmeias em que as vespas parasitam mel.

Como sobe, como sobe, a água do Sena, como um oceano! Arrastando legiões de espectros em direção àqueles que reduziram as multidões à morte. Por toda parte, a terra calejada do sangue vertido desde sempre: sangue das multidões, que ela rejeita por todos os abismos de iniquidades passadas em leis, todas as selvagerias chamadas de civilização, tudo aquilo que torna os homens piores do que bestas ferozes entre si. Alarme, alarme, soai a revolta!

Por vezes o camponês se cansa e se torna terrível, como um boi de trabalho pressentindo o abatedouro. O rebanho, então, corre em direção aos açougueiros: são os revoltosos.[28] Houve, entre eles, homens terríveis, dentre os quais os mais bravos suportaram tratamentos tão apavorantes que as represálias às vezes aconteciam com séculos de intervalo. Um episódio de revolta em 1513, na Hungria, parece, pelo relato de suas crueldades, antecipar a morte de Doï--Van. Os camponeses, em nome de todas as misérias passadas e presentes, se armaram de tochas e foices. A revolta de um punhado de homens determinados durou um ano: mais vale – diziam – dormir embaixo da terra do que marchar nela sob o chicote. O *Voivoda*[29] da

[28] Michel utiliza o termo *jacqueries*, referente aos camponeses revoltosos, principalmente no Século XIII (N.T.).

[29] *Voivoda* é um termo eslavo que designou, originalmente, um título militar de liderança. Com o passar do tempo, o título passou a se referir à hierarquia política, tornando-se análogo ao título de governador de

Transilvânia, Jean, juntou forças numerosas. Seu exército cercou os revoltosos; Georges Dosa[30] e quarenta dos seus foram aprisionados e condenados a morrer de fome.

A força foi amplamente utilizada por meio de exercícios violentos, nos quais a fome foi sentida cruelmente, já que esta era tida como a forma de morte mais angustiante. Ao fim de cinco ou seis dias, nove condenados ainda viviam; alguns haviam mordido seus próprios braços com seus fortes dentes camponeses e bebido seu próprio sangue. Foi-lhes prometido comida para a noite, no mesmo momento em que se estabeleceu a morte de Georges Dosa, um dos mais ardentes instigadores da revolta. No grande salão do palácio de Hungria, iluminado por velas, fez-se instalar um trono de ferro avermelhado, em brasas. Georges foi o primeiro a ser ordenado para que ali se sentasse, pois ele é quem havia conclamado à revolta. Orgulhoso,

---

província (N.T.).

[30] Georges Dosa, morto em 1513, foi o chefe dos camponeses revoltosos, a quem elegeram Rei da Hungria. Jean Zapolski, chefe militar, foi o responsável pelo massacre da rebelião (N.T.).

como se levasse consigo a coragem de todos aqueles que se levantaram pela liberdade, sentou-se em silêncio, sem trair sua dor. Seus algozes lhe entregaram uma coroa de ferro, vermelha como o trono, que ele ajeitou sobre a cabeça. Tremiam, seus algozes, ao lhe entregar um cetro de ferro, também avermelhado. Trouxeram, então, os outros oito condenados. Alguns, loucos pela dor, engatinhavam, acelerados pelos chicotes dos valetes. O último deles, um velho alto de cabelos brancos, se mantinha em pé, e era possível contar seus músculos e ossos sob a pele ressecada. O velho caminhou em direção a Georges e, pousando as mãos sobre o trono que ardia, começou a entoar a canção dos revoltosos da Hungria numa voz dura. Os valetes, que estocavam os moribundos com foices para que mordessem a carne de seus camaradas, tiveram medo deste suplício mudo e deste velho que cantava agônico o raiar da era da justiça.

Os mestres, mais assustados que seus valetes, elevaram a ferocidade ao nível de seus medos: os camponeses comprometidos com a revolta foram empalados, esfolados vivos ou amarrados a rodas de moinho. Mais terrível, entretanto, é que nos tenha chegado, hoje, a canção dos revoltosos.

Crianças não são mais felizes do que os outros nesta sociedade de privilégios e iniquidade. Talvez, amar as crianças (e todos as amam) seja apenas uma moda. Também a sociedade, velha malandra, ama crianças à sua maneira, como ogros que farejam carne fresca. Desde muito pequenas ela os cria em incubadoras aquecidas com tanto cuidado quanto para com os frangos aos quais se deve estrangular; é porque essas crianças são os franguinhos dos privilegiados. Se os pais morrem, ou são pobres demais para lhes dar de comer, são elas que terão de buscar a comida junto aos juízes, que as condenarão, desde os oito anos de idade, talvez menos, e mesmo depois. Serão condenadas simplesmente porque já as condenaram uma primeira vez. Outras crianças serão alocadas pela *Assistance* às fazendas ou outros lugares: há as colônias agrícolas do abade *Rouselle*[31] e

[31] O "caso Rouselle" causou um escândalo em 1887, quando se tornou pública a relação do próprio abade, diretor do orfanato de Auteuil, com Annette Har-

outras, todas criadas para desenvolver a infância, não é mesmo? Quem é o trabalhador que pode gozar de esperança de que seus filhos não acabem aí? Tantos acidentes ocorrem no trabalho. O que ocorre aos passarinhos quando seu pai e sua mãe morrem? Conheceis a canção:

> A fêmea é morta,
> Um gato pega o macho
> E devora seus ossos

> Quem cuida do ninho? Ninguém
> Pobres passarinhos.[32]

Uma vez, numa manhã de abril mais fria do que uma noite de dezembro, tive a ocasião de ver uma das "mais felizes" entre as crianças abandonadas. Parecia ter no máximo seis anos, mas tinha dez ou onze. Vestida com uma camisola curta demais e uma saia demasiado longa, cuja barra ela se esquecia de erguer,

---

choux, de 19 anos, acusada de roubo e falsificação de documentos (N.T.).

[32] *La femelle est morte/Le mâle un chat l'emporte/et dévore ses os [...] Qui veille au nid? personne/Pauvres petits oiseaux!* – "Victor Hugo, *Châtiments*, I, XIII, 'Chanson'". apud RÉTAT, C. (2017). *Prise de Possession*, op. cit. p, 63.

a pequena guiava um bando de gansos por uma choupana, tropeçando a cada passo. A barra da saia fora guarnecida pela lama, como se por uma faixa larga de veludo, espessa e branca, que a fazia mais lenta. Dir-se-ia que era uma roupa de brocado. De uma inteligência inferior à sua idade, a criança se auxiliava por uma dúzia de gansos que a obedeciam com graça, meneios de gansos, torcendo e retorcendo o pescoço, remando com suas patas para segui-la, o mais rápido possível, pela poeira do caminho, balançando as caudas como barcos.

A criança era magra, seus grandes olhos negros escorriam em lágrimas e uma sorte de audácia lhe fazia erguer a cabeça. Seus olhares se depositavam doloridos sobre os animais, seus únicos amigos. Não seriam tirados dela para a venda, ou para trancá-los com as pernas pregadas em potes, de onde olhariam com tristeza a manhã, como se pedissem para que a levassem consigo? Sem nada poder fazer, ela os verá sofrer. Isso não acabará aí, minha pequena: embora te alegres por onde estás, verás muitos outros sofrerem, por teu próprio fazer e pelo de outros pequenos infelizes como tu.

Olhemos mais embaixo; é aqui o inferno de Dante. Sempre mais baixo, mais baixo, para a dor.

Na verdade, se trata de Sophie Grant.[33] Sua mãe está morta; seu pai, na prisão. A criança já teve uma vida difícil. Possuía agora um abrigo, mas seu mestre faliu. A sorte não é boa para os pequenos comerciantes: é preciso que os grandes negócios se instalem, não? Eis Sophie Grant na rua, como tantos outros. Mas Sophie não quer ser comerciante, não quer vender; há algo outro que a sociedade a pode oferecer: a prisão. Não há outro asilo às pequenas pobres que se permitem enojar do banquete que a vida lhes oferece. Para os garotos é ainda mais simples: serão empregados no que quiserem até a idade de vinte e um anos; depois, serão ótimas buchas de canhão.

---

[33] Sophie Grant, menina em situação de rua e sem trabalho após a falência de seu empregador, pediu asilo no comissariado de *Les Halles* e teve sua história repercutida pela imprensa em dezembro de 1889 (N.T.).

Voilà, camaradas, alguns dos mil perigos que aguardam vossos filhos caso a sociedade, tal qual é, viva mais que vós.

Sei bem que, no ritmo em que está sendo tocado, o velho realejo a que chamamos de carruagem do Estado não deve durar muito mais. É por isso que os piores são os melhores entre os governantes; fazem a carroça tombar em algum esgoto qualquer: está acabada e nunca é cedo demais para isso. As elites financeiras, da justiça, do poder, que roubam os caixas e juntam milhões, possuem essa qualidade inegável: descobrem, cinicamente, as feridas, as lepras, os crimes da organização social.

O império não poderia mais existir após Sedan.[34] Qualquer autoridade é impossível depois das bandas de homens políticos que vemos trabalhar.

---

[34] Referência à Batalha de Sedan, em 1 de setembro de 1870, durante a Guerra Franco-Prussiana. A batalha, que foi resultado da tentativa francesa de libertar o general François Achille Bazaine, em Metz, terminou com a captura de Napoleão III e 83000 soldados franceses. Desacreditado, Napoleão III abdicou (N.T.).

o

capital,

livre em si mesmo,

é estéril como o granito.

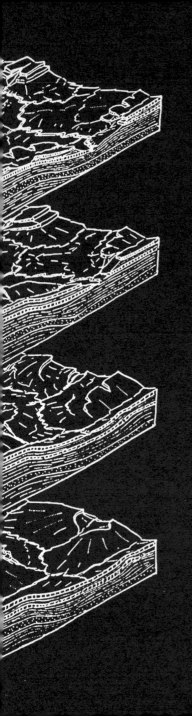

VI.

Como o poeta estadunidense, esperamos que uma nova vida germine da mortalha do velho Mundo.

Esta terra da América é, ao mesmo tempo, novo mundo e mundo novo. Ali, os sete de Chicago[35] se encontram com Cristóvão Colombo. As lendas se misturam; as transformações, auxiliadas pela fecundidade das planícies, pelos sopros potentes das altas montanhas, pelo mar, que lhes dá seu fôlego imenso, passarão rapidamente.

Quantas ruínas há sobre esta terra! O mundo dos Incas afundou em outros. Os símbolos são aqueles de Atlântida misturados aos de Índia.

O Brasil, sob sol escaldante, não pode ser insensível. O sinal soa como uma

---

[35] Referência ao conhecido "Haymarket Massacre", consequência de um atentado a bomba durante uma manifestação de trabalhadores em 4 de maio de 1886 em Chicago. Sem provas, oito anarquistas foram condenados por conspiração. Sete deles foram condenados à morte e outro a 15 anos de prisão. A pena de morte de dois foi revogada à prisão perpétua e os outros quatro foram enforcados em 11 de novembro de 1887. 1893, os réus sobreviventes tiveram suas penas perdoadas pelo governador de Illinois, John Peter Altgeld (N.T.).

reverência e, cedo ou tarde, seguindo o ritmo que as move, cada nação responde ao apelo pela liberdade. Os Estados Unidos do Brasil nos transportam a 1848, a 1789, talvez, mas não estamos mais na mesma época. Tranquilizai-vos, o clima esquentará.

Escutamos já o sopro das engrenagens e os trilhos ainda se entulham de retardatários que insistem em esperar que o futuro lhe chegue. Que pena! A máquina a vapor passará de qualquer modo.

Mesmo que restassem, em algum lugar do mundo, estadistas mais estúpidos e cruéis do que o Rei do Daomé,[36] a hora da transformação social, que encerra nosso ciclo e precede o novo, ainda não acabou. Não é porque algumas folhas hibernam no inverno que elas estão menos mortas.

Os grãos despontam no horizonte; crescem e logo lavarão a terra, arrasarão a economia, o poder, as mascaradas encenações de mentiras seculares. Ao fomentar uma guerra que o povo não quer

---

[36] O Reino do Daomé foi um reino africano de matriz Fom, localizado no atual Benin, que existiu entre 1600 e 1904, quando o Rei Beanzim não resistiu às tropas francesas e o reino foi subjugado ao domínio colonial (N.T.).

– mas que é capaz de suportar e fazê-lo destarte, para depois fazê-lo com a fúria das matilhas, tendo despertado o instinto sanguinário da besta – os mestres do gado humano pensam reconstruir a velha sociedade: estão errados. Certo número de homens voltaria contra o inimigo comum as armas que lhes teriam sido dadas para que se matassem, concretizando a libertação geral pela revolta.

Esta internacional espontânea da luta poderia ser a minoria: a rotina e o hábito da disciplina manteriam muitos escravos no rebanho. Mas não é sempre uma minoria que experimenta as revoluções? Elas mesmas as fazem, sozinhas, quando chega a hora.

Seja a greve, a peste ou a guerra o que dê o golpe de estaca no vampiro do capital, a apropriação de tudo por todos não é menos realizada. Alguns, cansados de sofrer, outros, indignados, todos, amigos e inimigos – ouvis? Até mesmo inimigos – ninguém tem nada a perder, somente tudo a ganhar. A apropriação de tudo por todos não é nada menos do que a libertação de toda gente: o fim do roubo eternamente cometido pelos privilegiados e estupidamente aceito pelas multidões.

Já que agitamos o fantasma da guerra, já que pretendemos rejuvenescer o velho mundo, morto num banho de sangue, falemos sobre a guerra e, enquanto esperamos as novas de Tonkin, usemos as experiências antigas; já que falamos da América, falemos sobre a aventura sombria do México. No fundo, como sempre no que diz respeito a questões econômicas, o problema é esse: um capitalista judeu[37] suíço emprestou aos liberais mexicanos uma dezena de milhões. Não deveria ser ressarcido? De outro lado, Francisco José reclamara a Bonaparte e Vitor-Emanuel que seu irmão, Maximiliano,[38] imbuído

---

[37] Não foi possível descobrir a quem a autora se refere, mas o apontamento de que o autor do empréstimo fosse um judeu, revela, em parte, o antissemitismo em voga do Século XIX, que aliava o judaísmo à prática usurária, algo evocado pela própria autora ao citar a figura de Shylock (N.T.).

[38] Maximiliano de Habsburgo-Lorena, Maximiliano do México (Viena, 5 de julho de 1832-Santiago de Querétaro, 19 de junho de 1867), foi o monarca único do Segundo Império Mexicano (1863-1867), coroado como tal por conta da intervenção francesa no país, que visava, além do resgate da soma devida à França pelo México, expandir o arco de influência internacional de Napoleão III (N.T.).

de ideias liberais, poderia levar a pior. Não chegamos, com essas famílias, à profissão de rei? Aqueles que tentam largar a função causam aborrecimentos e são dispensados da melhor maneira possível. Isso também é feito nas repúblicas burguesas: é a razão de Estado.

Que bela coisa é a razão de Estado! Mais silenciosa e terrível que o carrasco, faz vítimas por toda parte.

O jovem Maximiliano, fuzilado em Querétaro em outubro de 1866, após ser instituído por Bonaparte como imperador do México, o que não é em si uma boa coisa, foi também uma vítima da razão de Estado. Maximiliano era um bravo. Iludido pelo título de imperador, creu ser heroico, declarando desejar morrer soberano. Carlota o amava e não via nele defeitos. Jovens, tiveram uma boda de sangue, como os sete de Chicago, filhos da liberdade. A morte libertou Maximiliano do título ridículo de imperador.

Quantas coisas nesta guerra. A terrível Batalha de Puebla,[39] que nunca termi-

---

[39] A Batalha de Puebla ocorreu em 5 de maio de 1862, durante a segunda intervenção francesa no México, que se deu por conta de dívidas contraídas pelo Estado mexicano. Incapacitado de pagar a soma devida à

nava, a contraguerrilha recrutada dentre os mais ferozes entre as nações. Os guerrilheiros, armados com uma carabina e uma corda, que era utilizada diversas vezes, economizavam cartuchos e pólvora enquanto multiplicavam os cadáveres que pendiam em árvores pelo caminho.

Há cem anos, Abraham Lincoln[40] vislumbrou uma América livre, com vigias sobre as águas: um de olhos na Europa e na África, o outro de olho na Polinésia. Seu sonho se realizou. E não só a América, mas o mundo inteiro será livre.

Não só a terra sustentará as soberbas cidades da confederação humana, que se erguerão também sobre as águas, sustentadas por submarinos grandes como países, e navegando no ar, talvez, de uma estação para outra.

Quem saberá o que serão as cidades do Século XX, o que serão os homens

---

França, Espanha e Reino Unido, o governo mexicano suspende o pagamento das dívidas, o que leva Napoleão III a intervir no país, instituindo Maximiliano II como monarque títere (N.T.).

[40] A autora sem dúvida se confundiu nessa passagem, dado que Lincoln foi contemporâneo do Século XIX europeu. Provavelmente, Michel tinha em mente alguma figura dentre os Pais Fundadores dos EUA (N.T.).

que, falando outra língua, pisarão nosso pó onde encontrarão espalhados, aqui e ali, um pouco de [nossos] miseráveis dialetos, vivendo outra vida de inteligência, de paz, de humanidade.

Dizei-nos, camaradas de todas as ligas: quereis continuar assim, usando as urnas, o tempo e o dinheiro, usando vossas vidas inutilmente?

Que lhes fizeram estes outros camaradas que pretendeis levar ao lazareto do Palácio Bourbon?[41] Por que os persuadir de que podem tudo? Não podem nada senão apodrecer como os outros. Mesmo que conseguissem colocar novas peças no tabuleiro da Constituição, sabeis bem que isso de nada mudaria: as novas peças rasgariam os trapos da Carta Magna.

Há quanto tempo nos engasgamos estupidamente com o mesmo colar!

O poder e a força são coisas estranhas, tratadas por Ésquilo da mesma forma que nós. Em *Prometeu Acorrentado*, o proscênio se abre com uma ideia moderna: o poder que pressiona o suplício daquele que dotou os homens com o fogo.

---

[41] Palácio parisiense construído pelos Bonaparte. Sede da Assembleia Nacional Francesa (N.T.).

Em Ésquilo, a força é muda; o poder é, como hoje, impiedoso em seu terror.

> Malha mais forte! Aperta! – diz Poder a Hefesto – Não deve haver folga!
>
> Ele é capaz até de feitos impossíveis
>
> [...]
>
> Ele está tendo a sorte merecida. Vamos!
>
> Lança o cinto de bronze em volta de seus flancos!
>
> [...]
>
> Agora aperta ainda mais para que a peia/penetre em sua carne
>
> O avaliador do cumprimento de nossa missão é duro.[42]

A prisão de Prometeu não é menor do que aquela de Spies e Parsons.[43]

Seremos nós mais avançados do que no tempo de Ésquilo? Não! O princípio é o mesmo: a força. A diferença é que, então, era manhã, e agora é noite; o sol

---

[42] ÉSQUILO. 2009. *Prometeu Acorrentado*. Tradução de Mário da Gama Kury. Rio de Janeiro: Zahar. Estrofes 60; 75; 85.

[43] Dois dos anarquistas enforcados em Chicago em 1887. Cf, nota 25, acima.

se põe sobre o poder, sobre a força, sobre as misérias eternas.

Ainda hoje, a terra é uma vala comum com ouvidos forrados, cheia de seres a sofrer e morrer, enquanto tudo transborda de vida.

Sim, é como sempre, mas a noite também é boa. E sob o sol do amanhã, os gritos dos miseráveis não mais atingirão o céu sombrio. A revolta, como a tempestade, terá passado.

Ninguém no mundo pode resolver a situação atual. Ninguém, exceto tudo. É o fim.

As urnas já vomitaram bastante miséria e vergonha. Lançai as urnas ao vento, abrindo caminho para a revolução social!

O mundo para a humanidade.

Progresso sem limites e sem fronteiras.

Igualdade, harmonia universal aos humanos e a tudo que existe.

FIM

a energia do desespero

não é vencida jamais.

primeiro julgamento:
a comuna

Tradução de Fabiana Gibim

Anais da *Gazette des Tribunaux*.
Sexto Tribunal Militar.

Presidido por M. Delaporte, Coronel
da 12ª. Cavalaria.

Audiência de 16 de Dezembro de 1871

A Comuna não tinha número de representantes o suficiente para se autodefender dos homens leais que formaram a Guarda Nacional. Por isso criou uma companhia de crianças batizada de *Alas da Comuna*. Mesmo sem obter sucesso em organizar um batalhão de Amazonas, as mulheres da Comuna podiam ser vistas com trajes militares, de variações mais ou menos caprichosas, e rifles a tiracolo, precedendo os batalhões a caminho dos baluartes.

Entre aquelas mulheres que parecem ter exercido uma considerável influência em certos espaços, notamos a ex-professora da escola primária de Batignolles, que nunca deixou de expressar incondicional devoção ao governo insurrecional.

Louise Michel, cujas características revelam uma extrema severidade, tem trinta e seis anos de idade, é pequena, tem os cabelos castanhos e uma testa comprida que acaba abruptamente; nariz e queixo muito proeminentes. Ela está completamente vestida de preto. Seu forte entusiasmo é o mesmo que apresentou nos primeiros dias de cativeiro e, ao ser conduzida para sua posição diante do conselho, levanta subitamente seu véu e encara fixamente seus juízes.

O promotor de justiça é o Capitão Dailly.

Maître[1] Haussmann é convocado para assistir a acusada que, no entanto, recusa qualquer auxílio.

---

[1] Nota da Edição: *Maître* é o pronome de tratamento destinado aos advogados na França, principalmente em atos processuais, como despachos, sentenças, etc.

O escrivão do tribunal, M. Duplan, lê o seguinte relatório:

Louise Michel começou a expressar suas ideias revolucionárias em 1870, por ocasião da morte de Victor Noir.

Por se tratar de uma professora desconhecida e com poucos alunos, não nos foi possível ter conhecimento de suas conexões e do papel que desempenhou nos eventos desdobrados após o monstruoso atentado que aterrorizou nosso desafortunado país.

É dispensável, certamente, reconstruir integralmente os incidentes de 18 de março e, como ponto de partida da acusação, nos limitaremos a elucidar o papel desempenhado por Louise Michel na tragédia sangrenta que teve como palco a *Buttes-Montmartre* e a *Rue des Rosiers*.[2] Cúmplice na prisão dos desafortunados generais Lecomte e Clement Thomas, Louise temia ver as duas vítimas escaparem. "Não os deixem esca-

---

[2] A revolta popular e da formação, em março de 1871, da Comuna de Paris, teve como local de nascimento a *Buttes-Montmartre e a Rue des Rosiers*. A Comuna foi atacada de modo truculento em março de 1871 pelas tropas francesas sob o governo de Adolphe Thiers (Nota da Tradutora).

par!", clamou, com todas as forças, aos miseráveis que os rodeavam.

Mais tarde, levado a cabo o assassinato, e na presença dos cadáveres mutilados, mostrou sua completa alegria com a carnificina, ousando exclamar: "Serve-lhes bem". Radiante e satisfeita com o sucesso do dia, foi à Belleville e ao Villette, para garantir que "o bairro permanecesse armado".

Retornou à sua casa no dia 19, depois de ter tomado a precaução de descartar a farda federativa que poderia comprometê-la. Sentiu, porém, a necessidade de conversar brevemente sobre os eventos com seu porteiro.

"Ah!", chorou, "não teriam atirado nos generais caso Clemenceau tivesse chegado à *Rue de Rosiers* alguns momentos antes, eles não teriam atirado nos generais, já que era contra o fuzilamento e aliado dos *Versaillais*".[3]

---

[3] *Versaillais* foi o nome originalmente dado pelos participantes da Comuna de Paris de 1871 às forças da contrarrevolução que se estabeleceram em Versalhes. Os *Versailleais*, com o apoio das tropas prussianas, brutalizaram e retalharam militarmente os movimentos de trabalhadores de Paris, que haviam realizado a primeira revolução proletária da história. O nome *Versaillais* foi por muito tempo sinônimo de

Finalmente, "soaram as badaladas do tempo dos povos". Paris, refém do poder estrangeiro e dos canalhas chegados de todos os cantos do mundo, declara *A Comuna*.[4]

Como secretária da conhecida organização dedicada à "melhoria das operárias por meio do trabalho", Louise Michel organiza o famoso Comitê Central da União das Mulheres, bem como comitês de vigilância responsáveis pelo recrutamento de paramédicos e, nos momentos finais, de trabalhadoras para atuar nas barricadas, talvez até mesmo mulheres incendiárias.

Uma cópia do manifesto, encontrado na prefeitura do *10ème arrondissement*,

---

carrascos de revolucionários (N.T.).

[4] A Comuna de Paris foi um movimento revolucionário autogestionário e fato histórico excepcional ocorrido em 1871 (depois de cerca de cinco ou seis anos de desenvolvimento e difusão dos debates da Associação Internacional de Operários), foi um organismo proletário cujos significados políticos são infindáveis e que se movimentava por uma "negação audaz" do Estado (BAKUNIN, M. 2006. "A Comuna de Paris e a noção de Estado". *Verve*, n.o. 10, p. 80.). A Comuna não só destituiu, enfraqueceu ou destruiu os aparatos e instituições burguesas, como também instaurou um estado de autoemancipação proletária, o "autogoverno dos produtores" (MARX, K. 1978. "The Civil War in France". In. *Marx-Engels Gesamtausgabe*, v.I/22. Berlin: Dietz, p. 140.) (N.T.).

revela o papel desempenhado por Michel nos comitês antes mencionados, durante os últimos dias do conflito. Reproduzimos o texto de modo literal:

"Em nome da revolução social que proclamamos, em nome da reivindicação dos direitos de trabalho, igualdade e justiça, a União das Mulheres pela Defesa de Paris e pelos Cuidados dos Feridos se opõe com toda sua força à ultrajante proclamação aos cidadãos, publicada antes de ontem, por um grupo de reacionários.

"Esta proclamação sustenta que as mulheres de Paris apelam à generosidade de Versalhes e demandam paz a todo custo.

"Não, não é a paz que as mulheres trabalhadoras de Paris exigem, mas sim a guerra até a morte.

"Hoje, conciliação seria traição. Seria renunciar a todos os anseios da mulher trabalhadora que exige a revolução social absoluta, a aniquilação de todas as relações jurídicas e sociais existentes atualmente, a abolição de todos os privilégios, toda exploração, a mudança do reinado do trabalho pelo capital. Em uma ordem: a emancipação do trabalhador pelo próprio trabalhador!

"Seis meses de sofrimento e traição durante o cerco, seis semanas de árduas lutas contra os aliados aproveitadores, as ondas de sangue derramadas pela liberdade – são estes nossos títulos de glória e vingança!

"A luta atual só pode ter como resultado o triunfo da causa popular (...) Paris não recuará, pois carrega a bandeira do futuro. Chegou a hora derradeira! Abram caminho para as trabalhadoras! Para trás com seus torturadores! Ação! Energia!

"A árvore da liberdade cresce, regada com o sangue de seus inimigos!

"Todas unidas e inabaláveis, criadas e esclarecidas pelo sofrimento que as crises sociais lhes causaram, profundamente convencidas de que a Comuna, representando os princípios internacionalistas e revolucionários do povo, traz em si as sementes da revolução social, as mulheres de Paris provarão à França e ao resto do mundo que elas também saberão, como sabem seus irmãos, no momento de maior perigo, nas barricadas e no muros de Paris, se a força contrária ameaçar romper os portões, dar seu sangue e sua vida para a defesa e o triunfo da comuna, que é também o triunfo do povo! Assim, vitoriosos, até mesmo ao se unirem e compreenderem os interesses comuns uns dos outros, homens e mulheres trabalhadoras, todos solidários por um último esforço (...)" [Esta frase final permaneceu incompleta].

"Vida longa à República Universal! Vida longa à Comuna!"

Incluindo os empregos mencionados anteriormente, Louise Michel foi diretora de uma escola na *Rue Oudot,* n. 24. Lá, por meio de sua docência, ensinou, em seu raro tempo de lazer, as doutrinas do pensamento livre e cantou para seus jovens alunos as próprias poesias, incluindo, entre outras, aquela intitulada "Vingadores".

Sendo presidente do Clube Revolucionário, reunido na igreja de Saint Bernard, Louise Michel foi responsável pela votação realizada durante a sessão de 18 de maio (21 de Floreal, do ano LXXIX), tendo por objetivo:

"A abolição da autoridade judiciária, a eliminação dos Códigos Jurídicos e sua substituição por um comitê de justiça;

"A abolição das religiões, a prisão imediata dos padres, a venda de seus bens, assim como os dos desertores e traidores que apoiaram os desgraçados de Versalhes;

"A execução de um refém importante a cada vinte e quatro horas até que o Cidadão Blanqui, membro declarado da Comuna, seja libertado e chegue até Paris."

No entanto, não bastou para essa "alma inflamada", como a autora de um relato fantasioso que consta no dossiê gosta de caracterizá-la, aplaudir assassinatos, corromper crianças, pregar uma luta fratricida, em resumo, encorajar todos os crimes para despertar o povo; ainda foi necessário liderar pelo exemplo e colocar a si mesma na linha de frente!

Encontramo-la também em Issy, Clamart e Montmartre, lutando nas trincheiras, disparando tiros ou reunindo os desertores.

Le Cri du Peuple afirma o mesmo em sua edição de 14 de abril:

"A cidadã Louise Michel, que lutou bravamente em Moulineaux, foi ferida no forte de Issy."

Muito convenientemente para ela, nos apressamos em reconhecer que a heroína de Jules Vallès saiu daquela brilhante experiência com uma simples torção.

Qual foi o motivo que impulsionou Louise Michel para o caminho fatal da política e da revolução? Claramente a vaidade.

Filha ilegítima, criada por caridade, em vez de agradecer à Providência por ter lhe agraciado com a educação superior e os meios para viver feliz com sua mãe, se entregou à imaginação fanática, à sua natureza temperamental, correndo em direção à sua aventura em Paris, depois de romper com seus cuidadores.

Os ventos da Revolução começavam a soprar: Victor Noir[5] acabara de morrer.

É o momento de entrar em cena. Louise Michel, porém, reluta em desempenhar o papel; seu nome captará a aten-

---

[5] Victor Noir se tornou um símbolo da oposição ao regime imperial na França de 1870. Foi morto a tiros pelo Príncipe Pierre Bonaparte, primo de Napoleão III (N.T.).

ção pública e aparecerá nas manchetes de declarações e cartazes enganosos.

Não nos resta alternativa senão dar uma sentença legal aos atos cometidos por esta maníaca, desde o início da crise infernal pela qual a França acaba de passar, até o fim do combate demoníaco em que ela participou em meio às tumbas do cemitério de Montmartre.

Ela conscientemente auxiliou os culpados pelas prisões dos generais Lecomte e Clement Thomas, às quais se seguiram tortura física e assaninato destes infelizes homens.

Intimamente ligada aos membros da Comuna, a acusada conhecia todos os seus planos com antecedência. Auxiliou a Comuna com todas as forças e toda sua vontade. Além disso, socorreu seus ferimentos e muitas vezes estendeu sua atividade às deles. Se ofereceu para ir a Versalhes e assassinar o presidente da República com a intenção de aterrorizar a Assembleia e, de acordo com ela, pôr um fim à batalha.

A acusada é tão culpada quanto "Ferré, o orgulhoso Republicano", este que ela defende de maneiras bizarras, e cujo pensamento, usando suas próprias palavras, "é um desafio às nossas consciências e para o qual a resposta, a revolução."

Louise Michel agitava as paixões das massas, pregava guerra sem piedade e descanso e, como uma loba faminta por sangue, causou a morte dos reféns através de seus esquemas diabólicos.

Consequentemente, há bases para julgar Louise Michel pelos seguintes:

1. Crime com objetivo de derrubar o governo;

2. Crime com o objetivo de causar a guerra civil, encorajando os cidadãos a se armarem uns contra os outros;

3. Crime de porte ilegal de armas explícito, por razões insurrecionais, tendo delas se servido e tendo trajado uniforme militar;

4. Crime de fraude por escrever em nome de terceiros utilizando-se de falsa identidade;

5. Crime por usar documento falsificado;

6. Cumplicidade, mediante conspirações e incitações, no assassinato de pessoas mantidas reféns pela Comuna;

7. Cumplicidade nas prisões ilegais, seguidas de tortura física e assassinato, auxiliando conscientemente os autores dos crimes nos atos por eles praticados.

Tais crimes estão previstos nos artigos 87, 91, 150, 151, 59, 60, 302, 341, 344 do Código Penal e no artigo 5º da Lei de 24 de maio de 1834.

Interrogatório da Ré

Juiz: Você escutou os atos de que é acusada. O que você tem a dizer em sua defesa?

Ré: Eu não quero me defender. Eu não quero ser defendida. Pertenço inteiramente à revolução social e declaro que aceito a responsabilidade por todas as minhas ações. Eu as aceito completamente e sem qualquer reserva. Você me acusa de estar envolvida no assassinato dos generais? A minha resposta para essa acusação é sim. Se eu estivesse em Montmartre quando quiseram atirar no povo, eu não teria hesitado em abrir fogo naqueles que deram ordens como aquela. Entretanto, não compreendo a razão de terem sido baleados, uma vez que haviam sido feitos prisioneiros, e considero isso um notável ato de covardia!

Quanto à queima de Paris, sim, eu participei em tal ato. Era minha intenção criar uma barreira de fogo para impedir os invasores de Versalhes. Eu não tive companhia, agi por conta própria.

Também sou acusada de ser cúmplice da Comuna! É claro que sou, uma vez que o que a Comuna queria acima de tudo era a revolução social, esta que é também o meu desejo mais profundo. Além disso, sinto-me honrada em ser considerada como uma das agentes da Comuna que, em todo e qualquer caso, não esteve envolvida, como vocês bem sabem, com os assassinatos e os incêndios: participei de todas as reuniões do Hotel de Ville e afirmo que jamais houve qualquer hipótese de assassinato ou incêndio. Querem saber quem são os verdadeiros culpados? A polícia. Mais tarde, talvez, a luz brilhará sobre esses eventos a respeito dos quais hoje é tão natural culpar os partidários da revolução social.

Um dia eu propus à Ferré uma invasão à Assembleia. Eu queria duas vítimas, M. Thiers e eu mesma, pois teria sacrificado minha vida e havia decidido derrotá-lo.

J: Em seu pronunciamento, você diz que a cada vinte e quatro horas um refém deveria ser baleado?

R: Não, minha intenção era apenas ameaçar. Mas, por que eu me defenderia contra isso? Eu já lhe disse que me recuso a fazê-lo. Vocês são os homens que me julgarão; estão abertamente diante de mim; vocês são homens e eu... eu sou apenas uma mulher. No entanto, eu olho diretamente em seus olhos. Sei muito bem que qualquer coisa que eu diga não mudará minimamente a sua sentença. Desta forma, eu tenho uma única coisa a dizer antes de me sentar. Nós nunca quisemos nada além do triunfo dos princípios da Revolução. Eu juro por nossos mártires caídos nos campos de Satory,[6] por nossos mártires que saúdo abertamente e que, um dia, encontrarão sua vingança.

Mais uma vez, eu pertenço a vocês; façam comigo o que quiserem. Tirem a minha vida se quiserem. Não sou a

---

[6] Satory é um bairro de Versalhes ocupado majoritariamente por um campo militar e por habitações do pessoal da Defesa (N.T.).

mulher que disputaria seus desejos nem por um instante.

J: Você declara não aprovar o assassinato dos generais, porém, é dito que quando teve conhecimento do crime, exclamou: "Eles foram baleados. Serve--lhes bem."

R: Sim, eu admito ter dito isso. (Lembro, inclusive, que o fiz na presença dos cidadãos de Le Moussu e Ferré).

J: Então você aprova o assassinato?

R: Se me permitem, o que eu disse não é prova alguma. As palavras que proferi visavam encorajar o impulso revolucionário.

J: Você também escreveu em jornais. Em *Le Cri du Peuple*, por exemplo?

R: Sim, não escondo isso.

J: Todos os dias estes jornais exigiam a tomada dos bens do clero e outras medidas revolucionárias similares. Estas eram, então, opiniões das quais você compartilhava?

R: Claro que sim. Note, entretanto, que nunca quisemos tomar estes bens para nós mesmos. Pensamos apenas em entregá-los ao povo para seu bem-estar.

J: Você demandou a abolição dos Tribunais?

R: Pois eu sempre tive exemplos de seus erros. Lembro-me do caso Lesurques[7] e de tantos outros.

J: Você confessa o desejo de assassinar M. Thiers?

R: Certamente… Já o confessei e volto a fazê-lo.

J: Aparentemente você utilizou vários trajes durante a comuna.

R: Eu me vesti como de costume. Apenas acrescentei uma faixa vermelha à minha roupa.

J: Você não usava roupas masculinas várias vezes?

R: Uma única vez: no dia 18 de março. Eu me vesti como um membro da Guarda Nacional para não chamar atenção.

---

[7] Em 29 de Outubro de 1796, Lesurques é executado vítima de uma má investigação acerca de um roubo ocorrido em Lyon, em que um mensageiro, que carregava 7 milhões de libras enviadas pelo governo aos seus pagadores, foi atacado e morto. Seis pessoas foram presas, porém a justiça não soube distinguir entre os assassinos, os ladrões, os cúmplices ou simples parentes dos supostos envolvidos. Antes de subir ao cadafalso, duas das pessoas detidas confirmaram a inocência de Lesurques. Ainda assim, o homem foi executado, tendo sido simplesmente confundido por vestir uma peruca loira. (N.T.)

Poucas testemunhas foram convocadas, pois Louise Michel não contestou os atos pelos quais era acusada.

Madame Poulain, comerciante, foi a primeira a ser ouvida.

Juiz: Você conhece a acusada? Tem conhecimento de seus ideais políticos?

Testemunha: Sim, senhor presidente, ela nunca as escondeu. Bastante fanática, sempre a víamos nos clubes. Ela escreveu também em jornais.

J: Você a ouviu dizer, com relação ao assassinato dos generais, "serve-lhes bem"?

T: Sim, senhor presidente.

R: Mas eu já admiti este fato, é inútil que as testemunhas o atestem.

Madame Botin, pintora.

Juiz: Louise Michel denunciou um de seus irmãos a fim de forçá-lo a servir na Guarda Nacional?

T: Sim, senhor presidente.

R: A testemunha tinha um irmão a quem eu achava corajoso, queria que ele servisse à Comuna.

Juiz (para a testemunha): É verdade que você testemunhou a acusada à bordo de uma carruagem, passeando entre os guardas e saudando-os como uma rainha, de acordo com sua expressão?

T: Sim, senhor presidente.

R: Isso não pode ser verdade pois eu jamais imitaria essas rainhas, as quais quero ver decapitadas, como Maria Antonieta. A verdade é que eu estava simplesmente a bordo de uma carruagem porque sofria de uma torção resultante de uma queda que aconteceu em Issy.

Madame Pompon, porteira, consentiu em todas as acusações à ré. Louise Michel era reconhecida como uma fanática.

Cécile Denéziat, sem profissão, conhecia bem a acusada.

Juiz: Você viu a acusada vestida como um Guarda Nacional?

T: Sim, uma vez, por volta do dia 17 de março.

J: Ela carregava um fuzil?

T: Eu havia dito que sim, mas não me lembro deste episódio com precisão.

J: Você a viu montando uma carruagem entre os Guardas Nacionais?

T: Sim, senhor presidente, mas não me recordo muito bem dos detalhes deste ato.

J: Você também disse anteriormente que acreditava que ela estivesse na linha de frente por ocasião do assassinato de Clément Thomas e Lecomte?

T: Eu posso apenas repetir o que ouvi as pessoas dizerem ao meu redor.

O Capitão Dailly toma a palavra. Retira todas as acusações, exceto aquela relativa ao porte ilegal de armas de forma explícita ou encoberta, em um movimento insurrecional. Demanda, entretanto, que o conselho exclua a ré da sociedade, para a qual representa um perigo contínuo.

Maître Haussmann, tomando a palavra em seguida, declarou que, dado o fato de que a acusada havia formalmente declinado sua própria defesa, ele simplesmente confiaria na decisão do conselho.

Juiz: Acusada, você tem algo a dizer em sua defesa?

Ré: O que exijo de vocês, que se autodeclaram Concelho de Guerra, que se apresentam como meus juízes, sem se esconder, tal qual a Comissão de Perdão,[8]

---

[8] *Commission des Grâces*, em vigor de 1871 a 1875, foi uma exceção ao direito natural do Rei ou Chefe de Estado de conceder perdão. Neste período, o perdão só poderia ser exercido pelo chefe do poder executivo

vocês que são militares e que me julgam abertamente, é o campo do Satory, onde nossos irmãos prostram caídos...

Devo ser afastada da sociedade; isto me é ordenado. Bem, o promotor está correto! Já que aparentemente todo coração que pulsa por liberdade não tem direito a nada além de um punhado de chumbo, eu exijo a minha parte! Se me deixarem viver, nunca deixarei de clamar por vingança e condenarei os assassinos da Junta de Perdão para vingar meus irmãos.

J: Não posso permitir que siga falando se continuar nesse tom.

R: Eu já terminei... Se não forem covardes, me matem.

Após estas palavras, causando um grande alvoroço na audiência, o Concelho se retira para deliberação. Após alguns minutos a sessão é retomada e, ao final do veredicto, Louise Michel é condenada, por decisão unânime, à deportação e ao encarceramento.

Louise Michel foi trazida de volta e informada de seu veredito. Quando o

---

após a autorização de uma comissão especial, nomeada pela Assembleia Nacional (N.T.).

escrivão informa que a ré teria vinte e quatro horas para requerer revisão judicial, esta exclamou: "Não! Não há nada a recorrer. Porém, eu preferia a morte!"

Considerações Finais da Ré

Me limitarei apenas a apontar alguns erros:

1. Eu não fui criada por meio de caridade, mas por meus avós, que consideravam isto seu direito. Deixei Vroncourt somente após suas mortes para me preparar para o magistério. Pensei que desta forma eu poderia ser útil à minha mãe.

2. O número de meus alunos em Montmartre era de 150. Isso foi registrado pela prefeitura na época do Cerco.

3. Talvez seja útil afirmar que, ao contrário da descrição que me foi dada no início dos Anais na *Gazette des Tribunaux*, eu sou alta, ao invés de baixa. Nos tempos em que vivemos, é apropriado, no mínimo, que passemos por quem somos. – L.M.

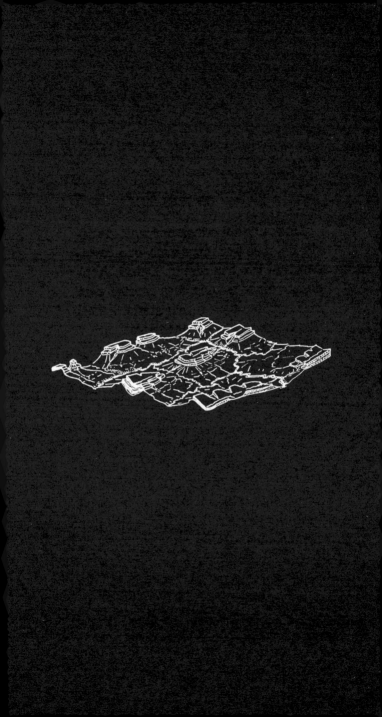

anexo

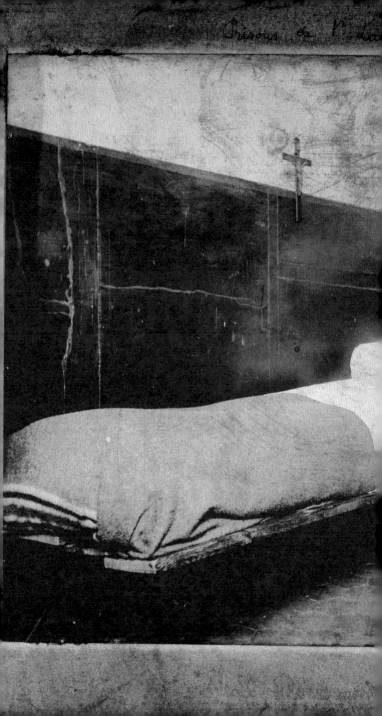

Cellule de Coumi Michel

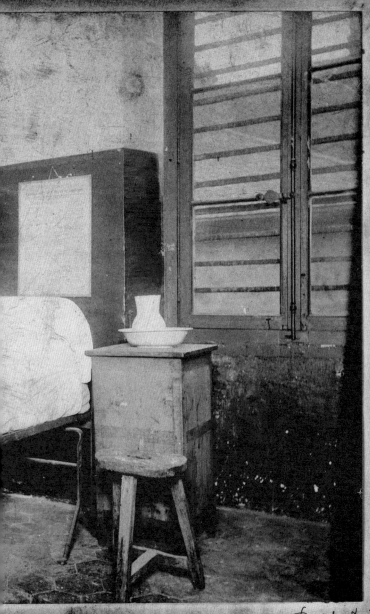

Brichaut

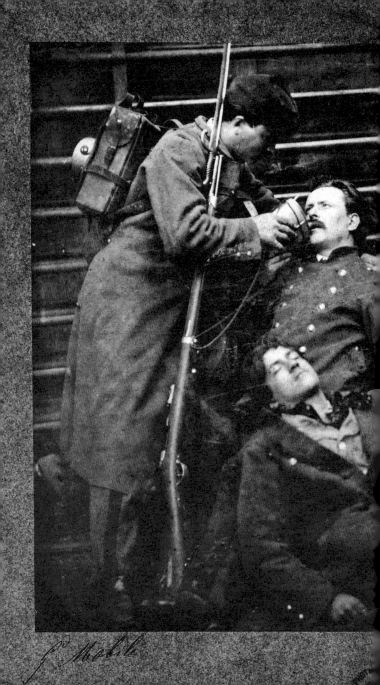

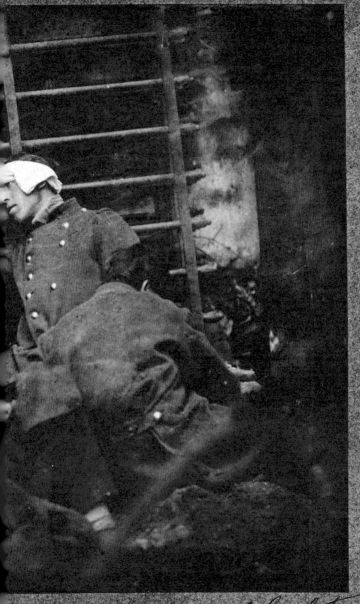

Châtillon après le combat 1871

CHANT DE L'INTERNATIONALE

Hymne des Travailleurs

Créé par **VIALLA**
à l'Eldorado

et par **GAUTIER**
au Théâtre
de la Porte St. Martin

Piano; 3f

Paroles de

P. BURANI & ISCH WALL

Pt format, 1f

Musique de

ANTONIN LOUIS

Paris, Alliance des Auteurs, **P. ROUCOUX** Editeur, Boulev. St. Martin, 2.
Propriété pour tous pays.

CHANT DE L'INTERNATIONALE

HYMNE DES TRAVAILLEURS.

Paroles de
P. BURANI et **ISCH WALL**.

Musique de
ANTONIN LOUIS.

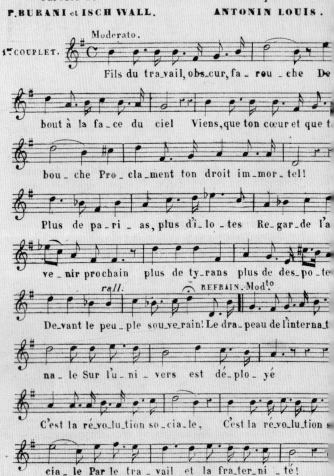

Paris Alliance des Auteurs, P. ROUCOUX Ed.r 2, B! S.t Martin.

C'est la ré-vo-lu-tion so-cia-le, C'est la ré-vo-lu-tion so-cia-le Par le tra-vail et la fra-ter-ni-té!

2
e veut dire ce mot: Patrie!
e veut dire ce mot: Soldat!
 guerre n'est qu'une infamie
 gloire un grand assassinat
ec l'enclume et la charrue
 faut combattre désormais;
e l'univers entier se rue,
us la bannière du progrès!
 drapeau &

3
Le travail, c'est la loi commune;
Le devoir: aimer son prochain;
Que la misère ou la fortune
N'arment plus le bras d'un Caïn!
Le hasard fait le prolétaire
La richesse est un bien d'en haut
Il faut Citoyens sur la terre
L'égalité pour seul niveau
Le drapeau &

4
Religion, divine flamme
Des mondes sublime flambeau;
Partout, c'est l'ignorance infâme
Qui s'abrite sous ton drapeau
Tes ministres, qu'on doit maudire
Peuvent dérober ta clarté;
Les peuples apprendront à lire
Au livre de la liberté!
Le drapeau &

5
is, vous élevez des frontières,
parant peuples et pays;
de tous les peuples, des frères,
us avez fait des ennemis!
 n'est plus la bête de somme
s tyrans subissant les lois:
uple avec les *droits de l'homme*
 briser le sceptre des rois.
 drapeau &

6
Laboureur, paysan, la terre
C'est ton outillage, ton pain,
L'ouvrier des villes, ton frère,
Ne demande pas d'autre bien
Le travail ne veut plus d'entrave
Plus de veau d'or, plus d'exploiteur,
Le capital n'est qu'un esclave
Le vrai roi c'est le travailleur!
Le drapeau &

Imp: AROUY R. du Delta.

THÉÂTRE DU CHATEAU D'EAU
50, RUE de MALTE

LES FRANÇAIS AU TONKIN

Imp. GAFFRÉ & Cie 37, Boulevard de Strasbourg, Paris.

Imagens

pg. 111 – Louis Tinayre, 1882. *Retrato de Louise Michel perante o tribunal.* Óleo sobre tela, 129cm x 95cm. Paris Musées/Musée Carnavalet

pg. 112/113 – Albert Brichaud. 1898-1912. *Cela de Louise Michel, prisão de Saint-Lazare, Rue du Faubourg Saint-Denis, 107. 10°. arrondissement, Paris.* Fotografia, 16,7cm x 22,9cm. Paris Musées/Musée Carnavalet

pg. 114/115 – Gaudenzio Marconi, 1871. *Feridos da guarda móvel após o combate em Chatillon durante o cerco a Paris.* Fotografia, 20,3cm x 26,2cm. Paris Musées/Musée Carnavalet – Histoire de Paris.

pg. 116 – Anônimo. s/d. Retrato de Ivan Salmon (1848-1870), conhecido como Victor Noir, jornalista. Fotografia em papel albuminado. Paris Musées/ Musée Carnavalet.

pg. 117/118/119 – *Canto da Internacional/Hino dos trabalhadores.* Desenho e litografia de Henri Meyer, s/d. Paris Musées/Musée Carnavalet - Histoire de Paris.

pg. 120 – Anômino. circa 1885-1901. *Anúncio do Teatro do Château D'Eau, Rue de Malte, 50. "Les Français au Tonkin".* Litografia, 124,8cm x 92,3cm. Paris Musées/ Musée Carnavalet

de festa em festa,
de hecatombe em hecatombe, o capital,
minado por todos os crimes que comete,
corroído por seus próprios abusos,
não tem mais o que fazer...

...senão desaparecer.

(...) a liberdade até então não passava de flores imediatamente arrancadas. E tinha razão de olhar através da morte; é através do pó e dos escombros de um mundo enterrado que olhamos para novos dias. Se nada pode ser erguido sobre a ruína, então aplaudimos o caos fermentando nas velhas instituições.